和谐校园文化建设读本

小学 教学案例指南

张秀丽 孙 颖/编著

吉林教育出版社

图书在版编目(CIP)数据

小学教学案例指南 / 张秀丽，孙颖编著. －长春：吉林教育出版社，2012.6（2023.2重印）

（和谐校园文化建设读本）

ISBN 978-7-5383-8950-0

Ⅰ．①小… Ⅱ．①张… ②孙… Ⅲ．①课程－教案（教育）－小学 Ⅳ.①G623

中国版本图书馆 CIP 数据核字（2012）第 116049 号

小学教学案例指南

XIAOXUE JIAOXUE ANLI ZHINAN

张秀丽　孙　颖　编著

策划编辑	刘　军　　潘宏竹		
责任编辑	刘桂琴	**装帧设计**	王洪义

出版　吉林教育出版社（长春市同志街 1991 号　邮编 130021）

发行　吉林教育出版社

印刷　北京一鑫印务有限责任公司

开本	710 毫米×1000 毫米　1/16	**印张**	10	**字数**	127千字
版次	2012 年 6 月第 1 版	**印次**	2023 年 2 月第 3 次印刷		
书号	ISBN 978-7-5383-8950-0				
定价	39.80 元				

编 委 会

主 编：王世斌

执行主编：王保华

编委会成员：尹英俊　尹曾花　付晓霞

　　　　　　刘　军　刘桂琴　刘　静

　　　　　　张　瑜　庞　博　姜　磊

　　　　　　潘宏竹

　　　　　　（按姓氏笔画排序）

总　序

千秋基业，教育为本；源浚流畅，本固枝荣。

什么是校园文化？所谓"文化"是人类所创造的精神财富的总和，如文学、艺术、教育、科学等。而"校园文化"是人类所创造的一切精神财富在校园中的集中体现。"和谐校园文化建设"，贵在和谐，重在建设。

建设和谐的校园文化，就是要改变僵化死板的教学模式，要引导学生走出教室，走进自然，了解社会，感悟人生，逐步读懂人生、自然、社会这三本大书。

深化教育改革，加快教育发展，构建和谐校园文化，"路漫漫其修远兮"，奋斗正未有穷期。和谐校园文化建设的研究课题重大，意义重要，内涵丰富，是教育工作的一个永恒主题。和谐校园文化建设的实施方向正确，重点突出，是教育思想的根本转变和教育运行机制的全面更新。

我们出版的这套《和谐校园文化建设读本》，既有理论上的阐释，又有实践中的总结；既有学科领域的有益探索，又有教学管理方面的经验提炼；既有声情并茂的童年感悟；又有惟妙惟肖的机智幽默；既有古代哲人的至理名言，又有现代大师的谆谆教诲；既有自然科学各个领域的有趣知识；又有社会科学各个方面的启迪与感悟。笔触所及，涵盖了家庭教育、学校教育和社会教育的各个侧面以及教育教学工作的各个环节，全书立意深邃，观念新异，内容翔实，切合实际。

我们深信：广大中小学师生经过不平凡的奋斗历程，必将沐浴着时代的春风，吸吮着改革的甘露，认真地总结过去，正确地审视现在，科学地规划未来，以崭新的姿态向和谐校园文化建设的更高目标迈进。

让和谐校园文化之花灿然怒放！

本书编委会

目 录

教学案例的理论概述 ……………………………………… 001

第一章 快乐语文 ………………………………………… 009

小学语文课程的性质与目标 ……………………………… 009

利用儿歌学习汉语拼音 j、q、x ……………………………… 016

创设情境,增添浓浓氛围 ……………………………… 021

作文课的奇思妙想 ……………………………………… 029

第二章 妙趣数学 ………………………………………… 032

小学数学课程的性质与目标 ……………………………… 032

玩中学,学中玩——《算 24 点》 ………………………… 041

创设生活氛围,培养实践能力——《号码》 ……………… 046

预设与生成的辩证统一——《对称图形》 ………………… 053

三教三改中提升效率——《列方程解应用题》 …………… 059

数学游戏的魅力——《神奇的 495》 …………………… 063

让学生感受到自己是一个发现者 ………………………… 066

第三章 广博英语 ………………………………………… 071

小学英语课程的性质与目标 ……………………………… 071

英语教学中的学科整合 …………………………………… 076

英语课堂教学中的"意外事故" …………………………… 084

知识技能双管齐下——村小里的英语课 ………………… 089

第四章 奇幻科学 ………………………………………… 093

小学科学课程的性质和目标 ……………………………… 093

因势利导——"蜗牛"变"放大镜" ………………………… 096

请尊重学生的实验成果 ······························ 101

实验因改变而精彩——《哪杯水多》 ·············· 104

第五章　信息技术 ····································· 107

小学信息技术课程的性质与目标 ·············· 107

主动参与,实践创新——《规则的图形》 ·········· 109

在游戏中学会思考——《幻灯片链接》 ·········· 112

第六章　陶情音乐 ····································· 117

小学音乐课程的性质与目标 ·················· 117

视、听、说、唱齐进音乐课堂 ·················· 122

第七章　体育与健康 ·································· 127

小学体育与健康课程的性质与目标 ·········· 127

做一个快乐的小猎手 ························· 131

耐久跑训练中的心理素质培养 ················ 136

第八章　怡情美术 ····································· 140

小学美术课程的性质与目标 ·················· 140

从身边的现象学透视 ························· 144

展示美术的艺术效果 ························· 147

教学案例的撰写建议 ································ 151

教学案例的理论概述

一、案例和教学案例

一个高明的医生必定积累有不少的病例及其医疗方案,一个好的律师必定收有一定数量的典型案例。同样,一个优秀的教师也是在积累大量有价值的教学案例中成长起来的。经验的积累是一笔十分宝贵的财富,做教学案例就是做这样的积累工作。

案例,即典型事例。它是人们生活、事业历程中有价值的事件的真实记录。教学案例就是教育教学中的典型事例,是在先进的教学理念下,记录一堂课的全部或片段,对揭示问题的关键环节和细节作仔细的科学分析,它应当有鲜明的主题、典型的背景资料,应该站在理论的前沿,高瞻远瞩地看问题,是上课后或听课后对教育教学过程的反思,是实实在在的教育科学研究行为。

我们可以从以下几个层次来理解这个概念:

教学案例是事件:教学案例是对教学过程中的一个实际情境的描述。它讲述的是一个故事,叙述的是这个教学故事的产生、发展的历程,它是对教学现象的动态性的把握。

教学案例是含有问题的事件:事件只是案例的基本素材,并不是所有的教学事件都可以成为案例。能够成为案例的事件,必须包含有问题或疑难情境在内,并且也可能包含有解决问题的方法在内。正因为这一点,案例才成为一种独特的研究成果的表现形式。

案例是真实而又典型的事件:案例必须是有典型意义的,它必须能给读者带来一定的启示和体会。案例与故事之间的根本区别是:故事是可以杜撰的,而案例是不能杜撰和抄袭的,它所反映的是真实发生的事件,是教学事件的真实再现。是对"当前"课堂中真实发生的实践情景的描述。它不能用"摇摆椅子上杜撰的事实来替代",也不能从抽象的、概括化的理论中演绎的事实来替代。

二、教学案例的特征

案例是一种写作的形式,那么它与我们平时所说的论文等形式有什么区别,又有什么特点呢?

1. 与论文的区别

从文体和表述方式上来看,论文是以说理为目的,以议论为主的;而案例则以记录为目的,以记叙为主,兼有议论和说明。也就是说,案例是讲一个故事,是通过故事来说明道理。因此,从写作的思路和思维方式上来看,二者也有很大的区别。论文写作一般是一种演绎思维,思维的方式是从抽象到具体;而案例写作是一种归纳思维,思维的方式是从具体到抽象。

2. 与教案、教学设计、教学实录的区别

教案和教学设计都是事先设想的教学思路,是对准备实施的教学措施的简要说明;案例则是对已发生的教学过程的反映。一个写在教之前,一个写在教之后;一个是预期,一个是结果。

案例与教学实录的体例比较相近,它们的区别也体现了案例的特点和价值。同样是对教学情境的描述,教学实录是有闻必录,而案例是有所选择的。至于怎样选择,就要看案例撰写的目的和功能了。

三、教学案例的作用

教学案例之所以能够迅速发展起来,是因为教学案例能促进我们教育的发展。教学案例可以使教学事例真实完整地保持当时当地的情境,让人们以当事人的身份观察甚至体验当时教学实践的成功之处、失误之处,去反思去分析那一个个教学事例成功或失败的原因,并设计确保成

功、预防失误的方案。对于教师来说，教学案例则是经验，是教训，是阶梯，是镜子，是未来教学工作的有效借鉴，它会使我们减少失误，提高成效，更有把握地走向成功。

教学案例是教育教学发展的阶梯。由于它真实地记录了先行者的思想与实践、失败与成功的典型过程，后来者可以在它所记录的成功的基础上，有效地避开它所记录的失误，向教育教学更高的理想目标攀登。这就是教学案例所起的阶梯作用。这一作用的充分发挥，能够有效地提高我们教师的教学水平和课堂教学质量，促进教师和学生的发展。

教学案例是教师成就事业的镜子。教师要成就事业，就要创新，我们要把先行者创造的典型事例作为进一步创新的基础和动力。这就需要我们大家来做教学案例，对走过的历程进行一次反思及总结。这种反思与总结，恰如一面镜子，它会客观地照出我们过去的成败得失，同时，提醒我们在新的一轮奋斗中，更加清醒、明智、科学。别人参照了这些教学案例以后，也会从而获得许多借鉴，从而预见和防止可能在自身奋斗中出现的错误，进一步发挥好自身的优势，去争取更大的进步。同样，独立思考的能力、应对事变的能力、创新能力，甚至社会实践能力都会在这样的"反思""总结"过程中得到充分锻炼，迅速提高。

四、教师撰写教学案例的可行性

1. 案例素材比较丰富

教学案例来自日常的教学实践活动，贴近教师工作，与教师有天然的联系。教师有大量的实际问题，需要通过研究，妥善解决，从而自觉或不自觉地进行了大量的教学研究。有很多经验和教训，其中不乏典型事例，会给教师留下比较深刻的印象，成为撰写教学案例的素材。教师有事实可说，有道理可讲。教学实践涉及的领域宽，发生的事例多，是教师撰写教学案例取之不尽、用之不竭的源泉。

2. 案例写作比较简单

一般情况下,撰写教学案例要写两个方面的内容,一写案例事实,二写案例分析。叙述的事实比较具体,比较单一。通常情况下,教师写这样的记叙文不会感到困难。撰写案例分析当然需要进行论述。但是,这里的论述是就事论理,是针对具体问题发表有针对性的意见,不涉及很多的人和事,不需要高度的抽象概括,难度不大。

3. 案例写作基础较好

教师具有一定的教学基础理论、写作基础知识、教学教研经验、分析研究能力。总之,教师具备写作教学案例的基础。只要教师认真研究,都有可能写出有价值的教学案例。只要教师认真地运用教学理论深入分析教学案例,都有可能提出独到的见解。

五、教师撰写教学案例的必要性

1.促进教师教学反思

撰写教学案例时,教师要对教学过程进行真切的回顾,"照镜子","过电影",把自己的教学一览无余地再现,用新的观点进行严格的审视、客观的评价、反复的分析。教学过程中的是非曲直、正确错误,都能由模糊变得清晰。这样能使教师把某些教学问题认识得比较深刻,解决得比较恰当,有利于教师总结成功的经验和失败的教训,看清自己的长处和不足。撰写教学案例的过程,就是重新认识教学事实的过程,就是反思的过程、研究的过程、总结的过程和提高的过程。

2.推动教学理论学习

通常情况下,撰写教学案例,需要运用教学理论对教学案例进行分析。要把案例分析透彻,需要有足够的教学理论支撑。教师往往感到教学理论修养不够,分析教学案例力不从心。这就促使教师带着教学案例的实际问题,深入地学习有关的教学理论。教师这时的学习,是为了解决教学实际问题的学习,有着明确的目的和强烈的愿望,往往能够收到事半功倍的效果。同时,百闻不如一见,教师通过撰写活生生的教学案例学到的教学理论,就不再是抽象的、空洞的、干巴巴的教条,而是非常有用的思想和方法。利于教师内化教学理论知识,提高教学理论水平,用科学的教学理论指导教学实践。

3.总结教改经验

有经验的教师谈起自己的教学经历,都有不少成功的事例和体会,但往往局限于具体的做法,知其然而不知其所以然。案例撰写是对教学实践的反思,从实践中选择适当的实例进行描述和分析,可以更清楚地认识有些做法为什么取得了成功,有些为什么效果不够理想。通过反思,提炼并明确有效的教学行为及其理论依据,从而更有效地指导今后的实践。

4.促进教师交流研讨

与撰写论文相比,案例更适合一般教师的需要。案例的内容贴近实际,材料来源丰富,写作形式自由,易于传播交流,更为广大教师喜闻乐见。学校和教师可以根据教改实际情况,确定一定阶段内的讨论主题,围绕某个主题或专题收集材料、撰写案例、交流研讨,同时结合有关理论学习和实践反思,使教研活动更具有针对性和实效性。

5.形成教学研究成果

撰写教学论文、课题研究资料,固然是教学研究;撰写教学案例,也是进行教学研究。写成的教学案例、教学论文、课题研究资料,都是教学研究成果。相对而言,教学案例是较小的、单一的教学研究成果,教学论文与课题研究材料是较大的教学研究成果。关于某个专题研究的教学案例,不仅本身是教学研究成果,而且还是撰写教学论文与课题研究材料的很好的素材。这类素材经过加工,具有典型性,采用这样的素材写成的教学论文与课题研究材料,紧密联系实际,内容丰富,有血有肉,生动形象,真实可信,具有说服力和感染力。

6.提高教师专业能力

教师撰写教学案例,可以提高教学实践能力,它是教学实践与教学研究的紧密结合。教师撰写自己的教学案例时,既是行动者,又是研究者。教师既可以通过具体的教学行为的描述和分析,加深对教学理论的理解;又可以通过教学理论的指导,使自己的教学行为科学合理。经常撰写教学案例,就能够敏锐地发现带倾向性的问题,找出解决同类问题的途径和方法。教学案例还能体现教学规律。对典型教学案例深层次的认识积累多了,教师就能够通过个别看一般,透过现象看本质,真切地感悟教学的规律,建立起一套科学的思维方式、高效的工作方法、良好的工作习惯,使之达到自动化的程度,从而减少教学的盲目性和随意性,提高自身效益,提高自身的教学实践能力。

撰写教学案例可以提高教学研究能力。撰写教学案例是撰写教学论文、撰写课题研究材料的基础,撰写教学论文是撰写教学案例的提高,撰写课题研究材料则是撰写教学案例的升华。三个方面结合,能够促使教师做到教学行动与教学研究紧密结合,教学理论与教学实践紧密结合,教学经验与教学科学紧密结合。这三个方面,撰写教学案例是非常重要的基础。有了撰写教学案例的基础,就为撰写教学论文,开展课题研究创造了良好的条件,就能使教师的教学研究能力得到较大的提高。

7.提高教师一般能力

撰写教学案例,讲述的教学故事要体现典型、具体、生动、形象、直观等特点,给人身临其境的感觉,教师就必须将有关教学事实形成逼真的表象,也需要进行认真的观察。因此,撰写教学案例,能够促使教师注意观察教学现象,发现教学问题,持之以恒,从而养成观察的习惯,提高观察的能力。

每个案例都有核心部分和枝节部分,教师要排除枝节部分的干扰,重点把握案例的核心部分,找出核心部分与教学理论的密切联系。这就需要教师运用教学理论的观点,运用分析与综合的方法,提炼出教学案例的主题,解决好教学案例反映的具体问题,探索出解决一般问题的途径,养成凡事用脑筋好好想一想的良好习惯,掌握运用教学理论指导教学工作的规律,提高自身的思维能力。

教师写出的教学案例,可能是某项教学研究中的细化了的材料。从教学案例的线索引申开去,思考教学案例反映的教学现象,就有可能产生一些深刻的认识、独到的见解,再来一番去粗取精、去伪存真、由此及彼、由表及里的改造制作,使之具有条理性和科学性,就有可能发现某些教学规律,特别是解决某些教学问题的规律,从而产生某些创新。创新多了,就会提高教师的创新能力。

六、教学案例的结构要素

从文章结构上看,案例一般包含以下几个基本的元素。

1.背景

案例需要向读者交代故事发生的有关情况:时间、地点、人物、事情的起因等。如介绍一堂课,就有必要说明这堂课是在什么背景情况下上的,是一所重点学校还是普通学校,是有经验的优秀教师还是年轻的新教师,是经过准备的"公开课"还是平时的"家常课",等等。背景介绍并不需要面面俱到,重要的是说明故事的发生是否有什么特别的原因或条件。

2.主题

案例要有一个主题。写案例首先要考虑我这个案例想反映什么问题,是想说明怎样转变差生,还是强调怎样启发思维,或者是介绍如何组织小组讨论等等,动笔前都要有一个比较明确的想法。比如学校开展研究性学习活动,不同的研究课题、研究小组、研究阶段,会面临不同的问题、情境、经历,都有自己的独特性。写作时应该从最有收获、最有启发的角度切入,选择并确立主题。

3.细节

有了主题,写作时就不会有闻必录,而是要对原始材料进行筛选,有针对性地向读者交代特定的内容。比如介绍教师如何指导学生掌握学习方法,就要把学生怎么从"不会学"到"会学"的转折过程,特别是关键性的细节写清楚。不能把"方法"介绍了一番,说到"掌握"就一笔带过了。

4.结果

一般来说,教案和教学设计只有设想的措施而没有实施的结果,教学实录通常也只记录教学的过程而不介绍教学的效果;而案例则不仅要说明教学的思路、描述教学的过程,还要交代教学的结果,即这种教学措施的即时效果,包括学生的反应和教师的感受等。读者知道了结果,将有助于加深对整个过程的内涵的了解。

5.评析

对于案例所反映的主题和内容,包括教学的指导思想、过程、结果,对其利弊得失,作者要有一定的看法和分析。评析是在记叙基础上的议论,可以进一步揭示事件的意义和价值。比如同样一个"差生"转化的事例,我们可以从教学学、心理学、社会学等不同的理论角度切入,揭示成功的原因和科学的规律。评析不一定是理论阐述,也可以是就事论事、有感而发,引起人的共鸣,给人以启发。

第一章 快乐语文

小学语文课程的性质与目标

语文课程是一门学习语言文字运用的综合性、实践性课程。义务教育阶段的语文课程，应使学生初步学会运用祖国语言文字进行交流沟通，吸收古今中外优秀文化，提高思想文化修养，促进自身精神成长。语文课程应注重引导学生多读书、多积累，重视语言文字运用的实践，在实践中领悟文化内涵和语文应用规律。

义务教育语文课程目标按《课程标准》分1～2年级、3～4年级、5～6年级、7～9年级四个学段，学段目标与内容从"识字与写字""阅读""写作""口语交际"四个方面提出要求。下面介绍小学阶段（即前三阶段）的学段目标。

第一学段(1～2年级)

（一）识字与写字

1.喜欢学习汉字，有主动识字、写字的愿望。

2.认识常用汉字1600个左右，其中800个左右会写。

3.掌握汉字的基本笔画和常用的偏旁部首，能按笔顺规则用硬笔写字，注意间架结构。初步感受汉字的形体美。

4.努力养成良好的写字习惯，写字姿势正确，书写规范、端正、整洁。

5.学会汉语拼音。能读准声母、韵母、声调和整体认读音节。能准确地拼读音节，正确书写声母、韵母和音节。认识大写字母，熟记《汉语拼音字母表》。

6.学习独立识字。能借助汉语拼音认读汉字,学会用音序检字法和部首检字法查字典。

(二)阅读

1.喜欢阅读,感受阅读的乐趣。养成爱护图书的习惯。

2.学习用普通话正确、流利、有感情地朗读课文。学习默读。

3.结合上下文和生活实际了解课文中词句的意思,在阅读中积累词语。借助读物中的图画阅读。

4.阅读浅近的童话、寓言、故事,向往美好的情境,关心自然和生命,对感兴趣的人物和事件有自己的感受和想法,并乐于与人交流。

5.诵读儿歌、儿童诗和浅近的古诗,展开想象,获得初步的情感体验,感受语言的优美。

6.认识课文中出现的常用标点符号。在阅读中体会句号、问号、感叹号所表达的不同语气。

7.积累自己喜欢的成语和格言警句。背诵优秀诗文50篇(段)。课外阅读总量不少于5万字。

(三)写话

1.对写话有兴趣,留心周围事物,写自己想说的话,写想象中的事物。

2.在写话中乐于运用阅读和生活中学到的词语。

3.根据表达的需要,学习使用逗号、句号、问号、感叹号。

(四)口语交际

1.学说普通话,逐步养成讲普通话的习惯。

2.能认真听别人讲话,努力了解讲话的主要内容。

3.听故事、看音像作品,能复述大意和自己感兴趣的情节。

4.能较完整地讲述小故事,能简要讲述自己感兴趣的见闻。

5.与别人交谈,态度自然大方,有礼貌。

6.有表达的自信心。积极参加讨论,敢于发表自己的意见。

(五)综合性学习

1.对周围事物有好奇心,能就感兴趣的内容提出问题,结合课内外阅读共同讨论。

2.结合语文学习,观察大自然,用口头或图文等方式表达自己的观察所得。

3.热心参加校园、社区活动。结合活动,用口头或图文等方式表达自己的见闻和想法。

第二学段(3～4年级)

(一)识字与写字

1.对学习汉字有浓厚的兴趣,养成主动识字的习惯。

2.累计认识常用汉字 2500 个左右,其中 1600 个左右会写。

3.有初步的独立识字能力。会运用音序检字法和部首检字法查字典、词典。

4.能使用硬笔熟练地书写正楷字,做到规范、端正、整洁。用毛笔临摹正楷字帖。

5.写字姿势正确,有良好的书写习惯。

(二)阅读

1.用普通话正确、流利、有感情地朗读课文。

2.初步学会默读,做到不出声,不指读。学习略读,粗知文章大意。

3.能联系上下文,理解词句的意思,体会课文中关键词句表达情意的作用。能借助字典、词典和生活积累,理解生词的意义。

4.能初步把握文章的主要内容,体会文章表达的思想感情。能对课文中不理解的地方提出疑问。

5.能复述叙事性作品的大意,初步感受作品中生动的形象和优美的语言,关心作品中人物的命运和喜怒哀乐,与他人交流自己的阅读感受。

6.诵读优秀诗文,注意在诵读过程中体验情感,展开想象,领悟诗文大意。

7.在理解语句的过程中,体会句号与逗号的不同用法,了解冒号、引号的一般用法。

8.积累课文中的优美词语、精彩句段,以及在课外阅读和生活中获得的语言材料。背诵优秀诗文50篇(段)。

9.养成读书看报的习惯,收藏图书资料,乐于与同学交流。课外阅读总量不少于40万字。

(三)习作

1.乐于书面表达,增强习作的自信心。愿意与他人分享习作的快乐。

2.观察周围世界,能不拘形式地写下自己的见闻、感受和想象,注意把自己觉得新奇有趣或印象最深、最受感动的内容写清楚。

3.能用简短的书信、便条进行交流。

4.尝试在习作中运用自己平时积累的语言材料,特别是有新鲜感的词句。

5.学习修改习作中有明显错误的词句。根据表达的需要,正确使用冒号、引号等标点符号。

6.课内习作每学年16次左右。

(四)口语交际

1.能用普通话交谈。学会认真倾听,能就不理解的地方向人请教,就不同的意见与人商讨。

2.听人说话能把握主要内容,并能简要转述。

3.能清楚明白地讲述见闻,说出自己的感受和想法。讲述故事力求具体生动。

(五)综合性学习

1.能提出学习和生活中的问题,有目的地搜集资料,共同讨论。

2.结合语文学习,观察大自然,观察社会,用书面或口头方式表达自己的观察所得。

3.能在教师的指导下组织有趣味的语文活动,在活动中学习语文,学会合作。

4.在家庭生活、学校生活中,尝试运用语文知识和能力解决简单问题。

第三学段(5~6年级)

(一)识字与写字

1.有较强的独立识字能力。累计认识常用汉字 3000 个左右,其中 2500 个左右会写。

2.能用硬笔书写楷书,行款整齐,力求美观,有一定的速度。

3.能用毛笔书写楷书,在书写中体会汉字的优美。

4.写字姿势正确,有良好的书写习惯。

(二)阅读

1.能用普通话正确、流利、有感情地朗读课文。

2.默读有一定的速度,默读一般读物每分钟不少于 300 字。学习浏览,扩大知识面,根据需要搜集信息。

3.能联系上下文和自己的积累,推想课文中有关词句的意思,辨别词语的感情色彩,体会其表达效果。

4.在阅读中了解文章的表达顺序,体会作者的思想感情,初步领悟文章的基本表达方法。在交流和讨论中,敢于提出看法,作出自己的判断。

5.阅读叙事性作品,了解事件梗概,能简单描述自己印象最深的场景、人物、细节,说出自己的喜爱、憎恶、崇敬、向往、同情等感受。阅读诗歌,大体把握诗意,想象诗歌描述的情境,体会作品的情感。受到优秀作品的感染和激励,向往和追求美好的理想。阅读说明性文章,能抓住要点,了解文章的基本说明方法。阅读简单的非连续性文本,能从图文等组合材料中找出有价值的信息。

6.在理解课文的过程中,体会顿号与逗号、分号与句号的不同用法。

7.诵读优秀诗文,注意通过语调、韵律、节奏等体味作品的内容和情感。背诵优秀诗文 60 篇(段)。

8.扩展阅读面。课外阅读总量不少于 100 万字。

(三)习作

1.懂得写作是为了自我表达和与人交流。

2.养成留心观察周围事物的习惯,有意识地丰富自己的见闻,珍视个人的独特感受,积累习作素材。

3.能写简单的纪实作文和想象作文,内容具体,感情真实。能根据内容表达的需要,分段表述。学写读书笔记,学写常见应用文。

4.修改自己的习作,并主动与他人交换修改,做到语句通顺,行款正确,书写规范、整洁。根据表达需要,正确使用常用的标点符号。

5.习作要有一定速度。课内习作每学年 16 次左右。

(四)口语交际

1.与人交流能尊重和理解对方。

2.乐于参与讨论,敢于发表自己的意见。

3.听人说话认真、耐心,能抓住要点,并能简要转述。

4.表达有条理,语气、语调适当。

5.能根据对象和场合,稍作准备,作简单的发言。

6.注意语言美,抵制不文明的语言。

(五)综合性学习

1.为解决与学习和生活相关的问题,利用图书馆、网络等信息渠道获取资料,尝试写简单的研究报告。

2.策划简单的校园活动和社会活动,对所策划的主题进行讨论和分析,学写活动计划和活动总结。

3.对自己身边的、大家共同关注的问题,或电视、电影中的故事和形象,组织讨论、专题演讲,学习辨别是非、善恶、美丑。

4.初步了解查找资料、运用资料的基本方法。

利用儿歌学习汉语拼音 j、q、x

案例背景

《j、q、x 与 ü 的拼写规则》一课是人教版一年级上册汉语拼音的第 6 课。这一规则是拼音教学中的难点:学生容易忘记省写 ü 上的两点,省写两点后又将 ü 读成 u。在教学过程中需因势利导,将学生的注意力引导到有序的学习活动中来,从而激发学生主动探究问题的兴趣,攻克这一教学难点。

案例描述

第一课时学生们对于声母 j、q、x 能读准音,认清形,正确书写并熟练拼读音节,在此基础上,我进行第二课时的教学。开始上课时,我在黑板左边板书:

j—i→ji   l—ü→lü

q—i→qi   n—ü→nü

x—i→xi

在复习音节拼读的环节之后,我在黑板右边接着板书:

j—ü→jü   q—ü→qü   x—ü→xü

刚写完,有几位学生没有举手经我同意就发言:"老师,你右边写错了。"我很吃惊:"是吗?"转身往黑板上一看,果然错了! 这时,有一部分学生小声地议论开了。我想,学生这时大概有这样几种心理状态:

你是老师,还写错了,真粗心!

老师写错了,我能帮她指出来,我能当她的小老师了!

我觉得老师没错,但他们为什么说老师错了呢?

……

我认为,不论是哪一种心理状态,对吸引学生的注意力、启发学生的思维、调动学生的学习积极性都是十分有利的。当我拿黑板擦擦掉 jü、qü、xü 中 ü 上两点时，我的手突然停住了：既然学生已经发现了问题，我何不将错就错，把握契机，改变原先的教学设计(先板书 j—ü→ju、q—ü→qu、x—ü→xu，后提问：你发现了什么？)，以此为切入点导入教学呢？待全班学生的注意力都集中到这个问题上时，我便抓住这一有利时机提出问题："你们说这是错的，理由是什么呢？"还没等我提出讨论的要求，大家就主动讨论起来：

"老师没有错，n、l 与 ü 相拼时就没去掉头上的两点。"

"j、q、x 与 i 在一起的时候，i 头上的那一点就没去掉。"

"如果去掉 ü 上的两点，就不是 ü 而是 u 了。"

"写错了，书上就是 ju、qu、xu。"

······

大家七嘴八舌，各抒己见，争论十分激烈。学生的思维在不断高涨的情绪中得到了激活。全班学生在争论中既巩固了前面所学的知识，又激发了他们探讨新问题的兴趣。

经过一番激烈的争论，学生们都迫切地想得到一个明确的结论。这时，我说话了："小朋友们，先听老师讲一个故事，这个故事和 j、q、x 与 ü 相拼的规则有关。"一听到要讲故事，同学们各个全神贯注。

"有一天，天气很热，j、q、x 三个小朋友打算去河里游泳。他们来到小河边，看见小 ü 戴着一顶漂亮的帽子在水面上跳来跳去，帽子上还有两个小绒球呢！小 ü 很有礼貌，赶紧脱下帽子跟 j、q、x 打招呼问好。"

我绘声绘色地讲完故事后，全班同学抢着说："老师，你错了！你错了！"尤其是一开始就指出我的错误的那几位同学，他们情绪十分激动，得意之情溢于言表。于是，我郑重宣布："谢谢你们为老师指出错误，现在老师知错就改。"当我改完时，教室里竟响起了一阵热烈的掌声。在如此宽松、和谐的学习氛围中，学生既获得了新知，老师的言传身教对他们知错就改的学习习惯的培养也起到了潜移默化的作用。

看到学生意犹未尽的样子，我问："谁还能给 j、q、x 和 ü 编个故事？"听说要编故事，大家更来劲了，五分钟思考时间一到，他们便争先恐后地举起了小手。

"有一个小朋友叫小 ü，一天他戴着一顶漂亮的帽子在上学路上见到了他的三位老师 j、q、x，小 ü 赶紧迎上去，脱下帽子向老师敬礼问好。"

"j、q、x 三位小朋友很淘气，一天，他们到小 ü 家去玩，看到小 ü 头上戴着一顶帽子，马上把小 ü 的帽子给摘下来了。"

"有一天，小 ü 跑到郊外去玩，郊外的风景非常美，小 ü 玩得非常开心，竟然忘记回家了。等他想起超过回家时间，爸爸妈妈找不到他肯定急坏了的时候，天已经很黑了。到处黑漆漆的，小 ü 找不着回家的路，急得大哭起来。这时，好心的 j、q、x 正巧路过这儿，知道小 ü 的困难后，热心地带着小 ü 寻找回家的路，把小 ü 安全送回了家。小 ü 非常开心，赶紧擦掉自己的眼泪向 j、q、x 说谢谢，和他们手拉手成为永不分离的好朋友。"

多么丰富的想象力，多么有创意的构思！我深切地领悟到"兴趣是最好的老师"这句话的含义了。通过听故事、编故事、讲故事，j、q、x 与 ü 相拼省写两点的规则深深印入了学生的脑海之中。

当学生还沉浸在有趣的故事情节中时，我趁热打铁，总结 j、q、x 与 ü 相拼省写 ü 上两点的规则后，强调读的规则：j、q、x 与 ü 相拼时 ü 上两点去掉后仍然读 ü，千万不能读 u。有什么好办法能帮助我们记住呢？下面老师和你们进行比赛。

于是，我先说："j、q、x 很淘气，他们只喜欢跟小 ü 一起玩，从来不跟小 u 一起玩，所以和 j、q、x 在一起的 u 读 ü，不读 u。"

比赛是学生们特别喜欢的方式，尤其是跟老师比赛。我刚说完，有几位学生便迫不及待地说出了自己的方法，但与我的方法都比较雷同。

经同学们一致通过：我获胜了！但争强好胜是小孩子的天性，他们不服输，有几个小组突然围在一块儿，集体讨论起来，打算发挥集体的智慧战胜老师。不一会儿，他们当中果真有人发言了。

"小鱼脱掉帽子后还是小鱼，没有变成乌鸦，所以读 ü 不读 u。"

当时，我听得目瞪口呆，学生的发言太出乎我的意料了，学生身上闪出的智慧火花令我欣慰不已，备受震撼！我是有备而来，而他们却是临场发挥。于是，我诚恳地对学生说："你们胜利了，老师输了！"是啊，当我们真正为学生开拓一方自由的思维空间时，他们的潜能定能得到充分的发掘。

"ju、qu、xu 拼读的规则"这一教学难点已在学生的主动探索中巧妙地被突破了，学生不仅知其然，而且知其所以然，这比起让学生机械地记忆规则，收到了事半功倍的效果。

至此，我觉得编顺口溜应该是水到渠成的事了。于是，我说："谁能把刚才的故事内容编成顺口溜牢牢地记住呢？"学生的情绪已进入高潮，每个小组都使尽浑身解数进行思考，加上我的适当点拨，几位学生脱口而出：

"小 ü 小 ü 有礼貌，见了 j、q、x 就脱帽。"

"j、q、x 真顽皮，见了小 ü 帽子就脱去。"

"小 ü 去掉帽子还读 ü，不读 u。"

"j、q、x 真淘气，从不和 u 在一起；见了小 ü 就欢喜，摘它帽子笑嘻嘻。"

全班学生情不自禁地一边大声背诵顺口溜，一边做动作。学生的表现欲望、专注态度、创造精神都得到了充分的体现，整个课堂活而不乱。学习在有笑、有序、有效中结束。看到孩子们可爱的笑脸，我感到无比轻松和愉快。我取出一个个"智慧果"和一颗颗"聪明星"贴在他们的额头上，他们的笑容更加灿烂，荡漾着成功的喜悦！

上完课后，在接下来的练习册作业和考试当中，只要出现 j、q、x 和 ü

相拼的音节拆分练习,我都让学生先默念上节课学的儿歌。孩子们都能认真答题,正确率达到98%。个别做错的小朋友一经儿歌的提醒也都恍然大悟,笑着拍拍自己的脑袋怪自己太粗心,之后他们便牢牢记住了j、q、x和ü相拼的规则。每次遇到这样的试题,我们班的孩子答得总是全年级最完美的!这都是儿歌和顺口溜带给我们的惊喜!

案例反思

剖析这堂课,我们可以发现,产生意想不到的课堂效果的主要原因在于:

1.教学时,巧妙处理偶发事件。

这堂课的教学实践对怎样处理偶发事件给予了很好的诠释:运用教学机智,采用随机教学策略,根据学生心理特点,将错就错,因势利导,将学生的注意力、兴趣点引导到主动探究学习活动中来,真正激发了学生的求知欲望。

2.激励学生创编故事、巧编顺口溜。

这样寓教于乐,寓教于动,为学生提供了一个自由创造的空间,激发了学生的兴趣,充分调动了学生的学习主动性和积极性。在活动中明确j、q、x与ü相拼的规则,这不是教师向学生讲解知识点,而是学生乐于去探究的丰硕成果,真正体现了学生自主、合作、探究的学习方式。

3.为学生创造了宽松、和谐的学习氛围。

在学生给"权威"挑毛病、教师与学生比赛时,没有师道尊严,有的是朋友间的平等、民主,师生关系的融洽。整堂课上,学生时时有成功的体验,变得更加自信,他们的身心始终处在高度的兴奋和激动之中,从而激发了他们的内驱力,使教学目标和任务内化成了他们的内在动机,达到了意想不到的教学效果。

(福建省厦门市湖里实验小学　李素超)

创设情境,增添浓浓氛围

案例背景

案例选自人教版四年级上册《观潮》,这是一篇以写景为主的散文。文章语言优美,词语丰富,句子变化错落有致。特别是"潮来时"一段,把钱塘江潮描绘得有声有色,读来令人如临其境,如闻其声,如见其景。教学中我们将这一段作为教学的重点,并且安排在第一课时教学,以期先声夺人,从一开始就紧紧抓住学生的注意力,激发起学生学习的兴趣。

案例描述

一、初步谈话,理解课题

师:今天,我们一块儿来学习第1课:观潮。课文写的是哪儿的潮?

生:(齐答)钱塘江大潮。

师:钱塘江在我们祖国的浙江省,离你们可爱的家乡——云南有好几千里远。如果说云南的石林举世闻名,那么浙江的钱塘江大潮就可称为"天下奇观"了。

(板书:天下奇观)

师:"观潮"和"天下奇观",两个词语中都有一个"观"字,这两个"观"字意思一样吗?

生:"观潮"的"观"是"看"的意思。"天下奇观"的"观"……

师:快请教一下字典,查查是什么意思。

(学生查字典)

生:"奇观"的"观"是"景象"的意思。

师:那么"奇观"的意思呢?

生:"奇观"就是奇特的景象。

生:"奇观"就是奇异的景象。

师:谁能说说"天下奇观"的意思?

生:"天下奇观"就是世界上奇妙的景象。

生:"天下奇观"就是天底下奇异的景象。

师:回答正确。

二、检查预习。反馈交流

师:昨天,你们回家预习了课文,自己再把课文读一遍,一边读一边想,作者先写什么,再写什么,最后写什么?

(学生自读课文)

生:作者先写潮来之前,再写潮来之时,最后写潮过之后。

三、观看录像,感受情景

师:学得真不错,你们对钱塘江大潮一定很感兴趣吧!有没有见到过?

生:(遗憾地摇摇头)没见过。

师:别遗憾,我呀,把这大潮给录下来了,想不想看?

生:想。

师:我们就一块儿来看看画面,听听声音,感受一下这天下奇观。

(学生看钱塘江潮录像,不时发出惊叹声。)

四、突破重点,指导朗读

师:刚才录像里潮水的景象,咱们课文里也有,在哪儿呀?

生:课文第 3、4 自然段。

师:自己读读第 3、4 自然段,把你觉得写得好的描写潮水的语句找出来,并努力地把它们读得精彩些,待会儿读给大家听。

生:(自由读)

生:我特别喜欢这个句子:"那条白线很快地向我们移来,逐渐拉长,变粗,横贯江面。"

师:读得不错。白线"拉长,变粗,横贯江面",气势越来越大,你的心情越来越——

生:激动。

师:读出这种感觉来。

生:(齐读)

生:我特别喜欢这个句子:"再近些,只见白浪翻滚,形成一道两丈多高的白色城墙。"

师:两丈多高的白色城墙,多么壮观!你们能读出壮观的感觉吗?

生:(分组比赛读)

生:(齐读)

生:我特别喜欢这个句子:"浪潮越来越近,犹如千万匹白色战马齐头并进,浩浩荡荡地飞奔而来;那声音如同山崩地裂,好像大地都被震得颤动起来。"

师:喜欢这句的举手。

(学生全体举手)

师:(举手)再加上我一个,我也特别喜欢。多精彩的语句呀!不过,要把它读好还真不容易。你们在下边也再准备一遍,待会儿我们来比赛,看谁把这种雄伟的气势给读出来了。

(指名学生个别赛读,教师加以鼓励,并与学生一起为朗读进步者、优秀者鼓掌)

师:你们读得真不错,能让我试试吗?

(学生高兴地点头叫好。教师朗读这一句,学生热烈的掌声响起)

师:谢谢鼓励,该你们了,让我为你们喝彩,行吗?

(学生有感情地齐读)

师:棒极了!

生:我特别喜欢这句:"午后一点左右,从远处传来隆隆的响声,好像闷雷滚动。"

师:闷雷滚动的声音是什么样儿的？谁来学学看？

生:轰隆隆隆……

师:还学得真像,雷的声音比较沉闷,我们一起学学看。

生:(一齐模拟)轰隆隆……

师:这声音作者用哪个词来形容？

生:闷雷滚动。

师:课文中用这个词语来形容潮水的声音,用得多形象啊!我们一块儿来读读这个句子。

(学生齐读)

师:读得真好,再来一遍,闭上眼睛,想象一下。

(学生闭眼齐背)

生:我特别喜欢这一句:"过了一会儿,响声越来越大,只见东边水天相接的地方出现了一条白线,人群又沸腾起来。"

师:"人群又沸腾起来。"看到那条白线,人们怎么沸腾的？咱们来演演看,好吗？

生:好!

师:准备,开始!

生:(跳着,叫着,挥舞着手,有的喊:"噢!"有的喊:"快看,潮来啦!")

师:沸腾了! 刚才这场面还可以用一个词形容,就在这个自然段里。

生:(齐答)人声鼎沸。

师:来,我们读出这种沸腾的感觉来。

生:(齐读)

师:把出现白线和白线横贯江面这两个句子连起来读读。

生:(齐读)

师:这些语句写得多精彩! 正如课文提示中所说,作者把钱塘江的大潮写得雄伟壮观,有声有色,使人如临其境。

五、听听读读,体会顺序

师:刚才大家很有感情地朗读了这些描写潮水的语句。不过,把"观潮"的顺序给打乱了。其实,作者写得可有顺序了。下面,我们就先来做一个听的练习。

师:听老师读这段话(出示),看谁本事大,能听清作者是用哪些词语把这四处的描写给连接起来的?待会儿,请你把听到的词语写下来。

(师读生听:午后一点左右,从远处传来隆隆的响声,好像闷雷滚动……过了一会儿,响声越来越大,只见东边水天相接的地方出现了一条白线……那条白线很快地向我们移来,逐渐拉长、变粗,横贯江面。再近些,只见白浪翻滚,形成一道两丈多高的白色城墙。浪潮越来越近,犹如千万匹白色战马齐头并进,浩浩荡荡地飞奔而来;那声音如同山崩地裂,好像大地都被震得颤动起来。)

生:(动笔在练习纸上填写)

(　　),从远处传来隆隆的响声,好像闷雷滚动。(　　),响声越来越大,只见东边水天相接的地方出现了一条白线……那条白线很快地向我们移来,逐渐拉长、变粗,横贯江面。(　　),只见白浪翻滚,形成一道两丈多高的白色城墙。(　　),犹如千万匹白色战马齐头并进,浩浩荡荡地飞奔而来;那声音如同山崩地裂,好像大地都被震得颤动起来。

(教师用投影打出一位学生的作业,集体反馈校对)

师:发现没有,作者是按什么顺序来描写潮水的?

生:作者从远到近描写潮水。

师:是啊!作者由远及近地观察,随着位置的转变和时间的推移来描写潮水的变化。来,王老师和你们一块儿读读这段话,再来体会一下。

(师生齐读这段话)

师:现在,我只留下括号中的词语,你还能说出刚才那段话吗?

(学生自由准备背诵)

师：能行的起立！

生：（全体起立）

师：真有信心！给你们配上录像好吗？

生：（兴奋地点头）

师：配着录像，让我们带着对钱塘江大潮的无限赞叹之情来背诵这些描写潮水的精彩语句。

生：（有感情地看录像背诵）

师：背诵得多有感情啊！……我们仿佛站在钱塘江畔，和作者一起感受到潮水越来越近，声音（越来越响），浪头（越来越高），气势（越来越大）。钱塘江大潮真不愧为（天下奇观）！我们为之自豪，为之（骄傲）！

六、创设情境，运用语句

师：今天，我们学习的两个自然段里，词语非常丰富，你们想不想把它们积累起来？

生：想！

师：听老师说词语的意思，看谁的反应快，老师语音刚落，就能很快地站起来说出哪个词语表达了这个意思。

（学生跃跃欲试）

师：形容人的说话声、喊叫声、欢呼声，如锅中之水，一片沸腾——

生：人声鼎沸。

师：风和浪都很平静——

生：风平浪静。

师：形容水面辽阔，远处和天似乎连接在一起——

生：水天相接。

师：形容同时出发，同时前进——

生：齐头并进。

师：山上的岩石和土壤塌下来，地也裂开来，形容声音很响很响——

生:山崩地裂。

师:形容气势很大——

生:(一时说不出,有个别学生答"白浪翻滚",师提示"浩浩荡荡")

师:谁来当小老师,带着大家把这些词语读一遍。

(生纷纷举手)

师:都想当老师,那看来只有我当学生了。

(生领读,师跟读)

师:看得出,同学们在阅读课文的时候,还挺注意词语的积累,不过,会不会用了呢?咱们来自我检验一下,我这儿有一段话,可是不完整,你们能不能在括号中用上今天学到的词语,使这段话表达得清楚通顺呢?

(师出示一段话)

……

师:今天,我们如临其境,观赏了被称为"天下奇观"的钱塘江大潮,我们通过有感情的朗读,理解并积累了好些语句,还学着用了用。你们学得真棒,那作者为什么还要写潮来前,潮过后呢?我们下节课继续学习。

案例反思

这堂课在教学中主要体现出以下一些教学思想。

第一,学生为主体的意识体现得十分清楚,教师比较充分地发挥了学生学习的主动性和积极性。整堂课中,教师几乎没有对课文的思想内容提出什么问题,主要通过学生自读来读懂、理解课文,教师的指导主要体现在组织学生进行语言训练,并且在训练过程中给予适当的指导。教学中教师的教学民主意识也比较强,经常转换角色,作为学生中的一员共同参与学习,使课堂气氛更加和谐,学生在愉快轻松的气氛中学习得更加主动、更加投入,学习的效率也随之得到提高。

第二,整堂课充分重视朗读和背诵的训练和指导。以读为本,熟读成诵,是中国传统语文教学的宝贵经验。课堂中教师就是应该抓住机会,用多种形式引导学生多读,让学生读懂、读通、读熟,读得有情有趣,读得津津有味。通过读,让学生自己来理解课文内容,培养学生的语感,感受课文语言的直观性和形象性,并且帮助学生积累课文中好的语言材料。熟读自然就能成诵。好的语句读熟了,有意识地让学生背背,强化一下记忆。可以有效地促进语言的积累,很有必要,也很值得提倡。

第三,在理解课文的同时,注重语言的积累和运用,注意创设情境,给学生语言实践的机会。学过的词语、句子让学生用一用,这样更有利于学生内化课文的语言,对小学生学习语言、发展语言极有意义。在这堂课的最后,根据课文内容,设计了一个综合运用本堂课学过的部分词语、句子的练习,因为难度不高,所以每个学生都能参与。由于不是课文内容的简单重复,而是要求学生根据自己的理解,灵活运用学到的词句,各种层次的学生都能根据自己的水平填写出词语,体验到成功的喜悦,所以学生参与练习的积极性特别高。学过的词句理解了,再试着运用运用,有利于促进课文语言的内化。这样的练习在语文课中应该大力提倡。

第四,恰当地使用现代化教学技术手段,以提高课堂教学的效率。现代化教学手段的运用必须根据语文学科的特点,为提高语文教学的效率服务。这堂课采用了录像手段,第一次让学生感受观潮时的气氛,第二次让学生边看录像边背诵,既帮助学生理解,又能促进记忆。教师还多次使用了实物投影,打出了学生喜欢的句子指导朗读,打出学生书面练习的结果加以评点,对提高教学效率起到了实实在在的作用。

(上海市长宁区愚园路第一小学　王林琳)

作文课的奇思妙想

案例背景

在学完了《爬山虎的脚》后，孩子们对观察有了新的认识，开始了有别于"看"、为搜集素材而进行的观察。他们这才发现，不是世界缺少美，而是自己缺少一双发现美的眼睛。学完《蟋蟀的住宅》，孩子们又迷上了法布尔惯用的拟人修辞手法，他们饱含着极大的兴趣将写作对象拟人化，一时间，他们作文中的描写对象都平添了几分可爱。此时，正巧友人送给我一包花生，于是，吃花生写作文的故事拉开序幕，将观察与拟人化描写这两项训练合二为一。

案例描述

作文课上，我很慎重地发给每个孩子一颗花生，那份故意摆出的吝啬劲儿，差点让自己笑出声来。我告诉孩子们，这是特殊品种的花生，老师得来不易，好东西和你们分享，不要急着吃，先观察。一颗颗小小的花生在孩子们手中翻来覆去地跳动，一双双充满好奇的眼睛很久都没有离开过这往日里再熟悉不过的小东西。大家好像是第一次接触花生一样，看得认真细致，不亚于"鉴宝"栏目中专家鉴定宝物真伪时的样子。看了大约三分钟，我提示大家可以换一种方式"看"，机灵的孩子们一下子想到了用鼻子闻，"好香啊"的赞叹声此起彼伏；有的伸出舌头舔舔花生壳，"好咸！"我心里暗笑：这可是福州口味的咸水煮花生，每一颗都有三粒花生仁，好着呢！我笑着鼓励孩子们剥壳吃花生，提醒他们先将一粒花生细嚼慢咽，好好品味。孩子们似乎在品尝人参果一般，吃得津津有味。一粒下肚后，我说道："写写吧，从上课开始到现在，关于花生，想写什么就写什么，会写什么就写什么。""没问题！"孩子们信心满满地动笔了。我补充说："写不下去时可以再吃一粒花生，吃一粒花生胜过听老师讲一节课!"

才过 20 分钟,60 个四年级孩子的当堂作文字数几乎达到了人均200。可喜可贺!在写作起步的关键时期,我的指导在很大程度上着力于整体写作效率的提升。我一直持有这样的作文教学观:只有在孩子们作文不拖拖拉拉,能够一股脑儿把话写下来时,再进行有针对性的批改,才能提升其习作水平。所以,我非常强调当堂作文,很注重高效率的课堂练笔。花生还有不少,所以我巡视全班后宣布:"凡是达到或超过 200字的,再奖励一颗,可以边吃边写。"我提示孩子们:"把你之前通过眼睛看到、鼻子闻到、嘴巴尝到的方方面面的信息都写下来。"孩子们在这样的鼓励下又奋笔疾书,我则有意拖延"发奖"时间,很快,每个孩子都得到了特殊的奖励——一颗标志写作快速的花生。孩子就是孩子,吃下这颗花生后,他们感觉特别来劲,似乎一下子获得了写作动力,我能明显感觉到孩子们的写作整体在提速。

还有八九分钟就要下课了,我鼓励孩子们拿出红笔,在自己认为写得精彩的地方做个记号,特别是那些运用拟人手法的语句。我宣布将根据每个孩子作文中红色记号的多少再次奖励——一颗标志文章生动形象的花生。一次奖励掀起一阵高潮,孩子们有的马上修改;有的拿起红笔,欣喜地画下部分语句。大家突然发现,原来自己可以写出那么好的作文。大部分孩子都得到了这颗花生,越吃写作越有劲儿。眼看着只有四五分钟就要下课了,我乘胜追击:哪位孩子检查认真,修改得当,卷面还能保持得比较整洁,我就再奖励——一颗标志善于修改的花生。你能够想象到孩子们为了得到这颗花生反复阅读、修改习作,这里添一笔,那里删一句的情景,好像专业编辑在审读文章。而我的花生呢,早在他们认真审读时悄悄放在课桌上,只不过他们没有察觉而已。

铃声响起时,一袋花生还有大半,所有孩子的习作已基本完成。每个人脸上都洋溢着幸福的笑容,他们追着我问:"老师,什么时候再上作文课啊?"

案例反思

回忆起吃花生写作文的故事,很自然地会想起教育史上诸多关于"智慧型奖励出成效"的故事。中国教师不陌生的就是陶行知的三颗糖的故事。我想,花生也好,糖果也罢,其背后的实质都是赏识和鼓励。这是促进孩子们进步的最大动力。在这样的内驱力的推动下,教师只需要稍加点拨,就可以获得"四两拨千斤"的高效。反之,无论你如何灌输,怎样填鸭,都是徒劳。只要你一转身,孩子们就会将所有被灌进去的东西都吐出来。所以,给孩子们具有诱惑力的鼓励吧,这些将成为你教学的最佳助手,成为孩子们学习的最好伙伴!

(福建省福州市教育学院第一附属小学　胡元华)

第二章　妙趣数学

小学数学课程的性质与目标

小学阶段的数学课程是培养公民素质的基础课程,具有基础性、普及性和发展性。数学课程能使学生掌握必备的基础知识和基本技能,培养学生的抽象思维和推理能力;培养学生的创新意识和实践能力;促进学生在情感、态度与价值观等方面的发展。小学的数学课程能为学生未来生活、工作和学习奠定重要的基础。

根据学生发展的生理和心理特征,将小学六个年级的学习时间划分为两个学段:第一学段(1~3 年级)、第二学段(4~6 年级)。在各学段中,安排了四个部分的课程内容:"数与代数""图形与几何""统计与概率""综合与实践"。

第一学段(1~3 年级)

一、数与代数

(一)数的认识

1. 在现实情境中理解万以内数的意义,能认、读、写万以内的数,能用数表示物体的个数或事物的顺序和位置。

2. 能说出各数位的名称,理解各数位上的数字表示的意义;知道用算盘可以表示多位数。

3. 理解符号"<""="和">"的含义,能用符号和词语描述万以内数的大小。

4. 在生活情境中感受大数的意义,并能进行估计。

5. 能结合具体情境初步认识小数和分数,能读、写小数和分数。

6. 能结合具体情境比较两个一位小数的大小,能比较两个同分母分数的大小。

7. 能运用数表示日常生活中的一些事物,并能进行交流。

（二）数的运算

1. 结合具体情境,体会整数四则运算的意义。

2. 能熟练地口算 20 以内的加减法和表内乘除法,能口算简单的百以内的加减法和一位数乘除两位数。

3. 能计算两位数和三位数的加减法,一位数乘两位数和三位数、两位数乘两位数的乘法,两位数和三位数除以一位数的除法。

4. 认识小括号,能进行简单的整数四则混合运算（两步）。

5. 会进行同分母分数（分母小于 10）的加减运算以及一位小数的加减运算。

6. 能结合具体情境,选择适当的单位进行简单估算,体会估算在生活中的作用。

7. 经历与他人交流各自算法的过程。

8. 能运用数及数的运算解决生活中的简单问题,并能对结果的实际意义作出解释。

（三）常见的量

1. 在现实情境中,认识元、角、分,并了解它们之间的关系。

2. 能认识钟表,了解 24 时计时法;结合自己的生活经验,体验时间的长短。

3. 认识年、月、日,了解它们之间的关系。

4. 在现实情境中,感受并认识克、千克、吨,能进行简单的单位换算。

5. 能结合生活实际,解决与常见的量有关的简单问题。

（四）探索规律

探索简单情景下的变化规律。

二、图形与几何

（一）图形的认识

1. 能通过实物和模型辨认长方体、正方体、圆柱和球等几何体。

2. 能根据具体事物、照片或直观图辨认从不同角度观察到的简单物体。

3. 能辨认长方形、正方形、三角形、平行四边形、圆等简单图形。

4. 通过观察、操作，初步认识长方形、正方形的特征。

5. 会用长方形、正方形、三角形、平行四边形或圆拼图。

6. 结合生活情境认识角，了解直角、锐角和钝角。

7. 能对简单几何体和图形进行分类。

（二）测量

1. 结合生活实际，经历用不同方式测量物体长度的过程，体会建立统一度量单位的重要性。

2. 在实践活动中，体会并认识长度单位千米、米、厘米，知道分米、毫米，能进行简单的单位换算，能恰当地选择长度单位。

3. 能估测一些物体的长度，并进行测量。

4. 结合实例认识周长，并能测量简单图形的周长，探索并掌握长方形、正方形的周长公式。

5. 结合实例认识面积，体会并认识面积单位厘米^2、分米^2、米^2，能进行简单的单位换算。

6. 探索并掌握长方形、正方形的面积公式，会估计给定简单图形的面积。

（三）图形的运动

1. 结合实例，感受平移、旋转、轴对称现象。

2. 能辨认简单图形平移后的图形。

3. 通过观察、操作，初步认识轴对称图形。

（四）图形与位置

1. 会用上、下、左、右、前、后描述物体的相对位置。

2. 给定东、南、西、北四个方向中的一个方向，能辨认其余三个方向，知道东北、西北、东南、西南四个方向，会用这些词语描绘物体所在的方向。

三、统计与概率

1. 能根据给定的标准或者自己选定的标准，对事物或数据进行分类，感受分类与分类标准的关系。

2. 经历简单的数据收集和整理过程，了解调查、测量等收集数据的简单方法，并能用自己的方式（文字、图画、表格等）呈现整理数据的结果。

3. 通过对数据的简单分析，体会运用数据进行表达与交流的作用，感受数据蕴涵的信息。

四、综合与实践

1. 通过实践活动，感受数学在日常生活中的作用，体验运用所学的知识和方法解决简单问题的过程，获得初步的数学活动经验。

2. 在实践活动中，了解要解决的问题和解决问题的办法。

3. 经历实践操作的过程，进一步理解所学的内容。

第二学段(4～6年级)

一、数与代数

（一）数的认识

1. 在具体情境中，认识万以上的数，了解十进制计数法，会用万、亿为单位表示大数。

2. 结合现实情境感受大数的意义，并能进行估计。

3. 会运用数描述事物的某些特征，进一步体会数在日常生活中的作用。

4. 知道 2,3,5 的倍数的特征,了解公倍数和最小公倍数;在 1~100 的自然数中,能找出 10 以内自然数的所有倍数,能找出 10 以内两个自然数的公倍数和最小公倍数。

5. 了解公因数和最大公因数,在 1~100 的自然数中,能找出一个自然数的所有因数,能找出两个自然数的公因数和最大公因数。

6. 了解自然数、整数、奇数、偶数、质(素)数和合数。

7. 结合具体情境,理解小数和分数的意义,理解百分数的意义;会进行小数、分数和百分数的转化(不包括将循环小数化为分数)。

8. 能比较小数的大小和分数的大小。

9. 在熟悉的生活情境中,了解负数的意义,会用负数表示日常生活中的一些量。

(二)数的运算

1. 能计算三位数乘两位数的乘法,三位数除以两位数的除法。

2. 认识中括号,能进行简单的整数四则混合运算。

3. 探索并了解运算律(加法的交换律和结合律、乘法的交换律和结合律、分配律),会应用运算律进行一些简便运算。

4. 在具体运算和解决简单实际问题的过程中,体会加与减、乘与除的互逆关系。

5. 能分别进行简单的小数和分数(不含带分数)的加、减、乘、除运算及混合运算。

6. 能解决小数、分数和百分数的简单实际问题。

7. 在具体情境中,了解常见的数量关系:总价＝单价×数量、路程＝速度×时间,并能解决简单的实际问题。

8. 经历与他人交流各自算法的过程,并能表达自己的想法。

9. 在解决问题的过程中,能选择合适的方法进行估算。

10. 能借助计算器进行运算,解决简单的实际问题,探索简单的规律。

（三）式与方程

1. 在具体情境中能用字母表示数。

2. 结合简单的实际情境，了解等量关系，并能用字母表示。

3. 能用方程表示简单情境中的等量关系（如 $3x+2=5,2x-x=3$），了解方程的作用。

4. 了解等式的性质，能用等式的性质解简单的方程。

（四）正比例、反比例

1. 在实际情境中理解比及按比例分配的含义，并能解决简单的问题。

2. 通过具体情境，认识成正比例的量和成反比例的量。

3. 会根据给出的有正比例关系的数据在方格纸上画图，并会根据其中一个量的值估计另一个量的值。

4. 能找出生活中成正比例和成反比例关系量的实例，并进行交流。

（五）探索规律

探索给定情境中隐含的规律或变化趋势。

二、图形与几何

（一）图形的认识

1. 结合实例了解线段、射线和直线。

2. 体会两点间所有连线中线段最短，知道两点间的距离。

3. 知道平角与周角，了解周角、平角、钝角、直角、锐角之间的大小关系。

4. 结合生活情境了解平面上两条直线的平行和相交（包括垂直）关系。

5. 通过观察、操作，认识平行四边形、梯形和圆，知道扇形，会用圆规画圆。

6. 认识三角形,通过观察、操作,了解三角形两边之和大于第三边、三角形内角和是 180°。

7. 认识等腰三角形、等边三角形、直角三角形、锐角三角形、钝角三角形。

8. 能辨认从不同方向(前面、侧面、上面)看到的物体的形状图。

9. 通过观察、操作,认识长方体、正方体、圆柱和圆锥,认识长方体、正方体和圆柱的展开图。

(二)测量

1. 能用量角器量指定角的度数,能画指定度数的角,会用三角尺画 30°,45°,60°,90°角。

2. 探索并掌握三角形、平行四边形和梯形的面积公式,并能解决简单的实际问题。

3. 知道面积单位:千米^2、公顷。

4. 通过操作,了解圆的周长与直径的比为定值,掌握圆的周长公式;探索并掌握圆的面积公式,并能解决简单的实际问题。

5. 会用方格纸估计不规则图形的面积。

6. 通过实例了解体积(包括容积)的意义及度量单位(米^3、分米^3、厘米^3、升、毫升),能进行单位之间的换算,感受 1 米^3、1 厘米^3 以及 1 升、1 毫升的实际意义。

7. 结合具体情境,探索并掌握长方体、正方体、圆柱的体积和表面积以及圆锥体积的计算方法,并能解决简单的实际问题。

8. 体验某些实物(如土豆等)体积的测量方法。

(三)图形的运动

1. 通过观察、操作等活动,进一步认识轴对称图形及其对称轴,能在方格纸上画出轴对称图形的对称轴;能在方格纸上补全一个简单的轴对称图形。

2. 通过观察、操作等，在方格纸上认识图形的平移与旋转，能在方格纸上按水平或垂直方向将简单图形平移，会在方格纸上将简单图形旋转 90°。

3. 能利用方格纸按一定比例将简单图形放大或缩小。

4. 能从平移、旋转和轴对称的角度欣赏生活中的图案，并运用它们在方格纸上设计简单的图案。

（四）图形与位置

1. 了解比例尺；在具体情境中，会按给定的比例尺进行图上距离与实际距离的换算。

2. 能根据物体相对于参照点的方向和距离确定其位置。

3. 会描述简单的路线图。

4. 在具体情境中，能在方格纸上用数对（限于正整数）表示位置，知道数对与方格纸上点的对应。

三、统计与概率

（一）简单数据统计过程

1. 经历简单的收集、整理、描述和分析数据的过程（可使用计算器）。

2. 会根据实际问题设计简单的调查表，能选择适当的方法（如调查、试验、测量）收集数据。

3. 认识条形统计图、扇形统计图、折线统计图；能用条形统计图、折线统计图直观且有效地表示数据。

4. 体会平均数的作用，能计算平均数，能用自己的语言解释其实际意义。

5. 能从报纸杂志、电视等媒体中，有意识地获得一些数据信息，并能读懂简单的统计图表。

6. 能解释统计结果，根据结果作出简单的判断和预测，并能进行交流。

（二）随机现象发生的可能性

1. 在具体情境中，通过实例感受简单的随机现象；能列出简单的随机现象中所有可能发生的结果。

2. 通过试验、游戏等活动，感受随机现象结果发生的可能性是有大小的，能对一些简单的随机现象发生的可能性大小作出定性描述，并能进行交流。

四、综合与实践

1. 经历有目的、有设计、有步骤、有合作的实践活动。

2. 结合实际情境，体验发现和提出问题、分析和解决问题的过程。

3. 在给定目标下，感受针对具体问题提出设计思路、制定简单的方案解决问题的过程。

4. 通过应用和反思，进一步理解所用的知识和方法，了解所学知识之间的联系，获得数学活动经验。

玩中学,学中玩——《算24点》

案例背景

本节课是在学习了1~9的乘法口诀后所进行的一堂实践活动课,学生以玩扑克牌的形式进行加、减、乘、除计算,结果为24,为学生所喜闻乐见,让学生在玩中学、学中玩,有利于调动学生学习的积极性,既增强对数学的亲近感,培养合作精神和创新意识,又巩固了已有的知识技能,激发学生学习数学的兴趣,使他们更喜欢数学。

案例描述

一、揭示课题

师:(出示扑克牌)这是什么? 你们玩过扑克牌吗? 说说你是怎么玩的?

生:玩过,算九。

生:三六九、接龙。

师:你们学过的运算顺序有哪些?

生:"＋""－""×""÷"。

师:今天老师就跟大家应用这些运算符号来玩扑克牌"算24点",大家愿意吗?

生:愿意。

二、组织探究

(一)用3张纸牌计算24点

1. 利用多媒体出现10张扑克牌

师:现在屏幕上出现扑克牌 A～10,A 代表数字1。

师:现在我们就利用屏幕上出现的3张扑克牌3、6、7进行24点的计算,每张扑克牌只能用一次,用"＋""－""×""÷"的方法来计算。听清楚规则了吗?

　　学生:听清楚了。

　　2.(屏幕出示)用 3、6、7 计算 24 点

　　师:现在请小朋友拿出扑克牌 3、6、7,先想想,再试试,然后告诉小伙伴。

　　(学生活动,教师巡视)

　　汇报:

　　生:我看到 6 想到 4,7－3＝4,4×6＝24,我用的口诀是四六二十四。

　　师:这位小朋友非常聪明,想出了利用四六二十四这句口诀来计算 24 点。(板书:四六二十四)

　　师:要想很快地算出 24 点,还有没有其他好的方法呢?请你和同桌的小朋友商量,然后再告诉其他小朋友听。(学生讨论)

　　师:谁来汇报一下。

　　生:看 8 想 3,看 3 想 8,看 6 想 4,看 4 想 6。

　　生:记住两个口诀:四六二十四和三八二十四,找到其中一个就可以算出 24 了。

　　师:你们太聪明了,既然你们已经掌握了计算的方法,你们想试试吗?

　　生:想!

　　3.(屏幕出示)用 2、3、4 计算 24 点

　　师:请大家拿出这 3 张牌计算 24 点。

　　汇报:

　　生 1:2×3＝6　4×6＝24

　　生 2:2×4＝8　8×3＝24

　　生 3:3×4＝12　12×2＝24

　　(教师出示 3、5、9)

生:$3\times 5=15$　　$15+9=24$

师:同学们非常了不起。在计算24点中,除了三八二十四,四六二十四外,还有很多其他的算法。

4. 巩固练习

三人一小组,任选三张牌"算24点",一边算一边讨论,有多少种计算方法,并把它记下来。

(学生活动,教师巡视)

汇报结果……

师:(小结)同学们的方法很多,通过刚才小组讨论中发现,在计算24点时,首先利用三八二十四,四六二十四,不能利用的话,再利用其他方法。

(二)用四张纸牌计算24点

1. 学生交流用4张扑克牌的计算规则

师:小朋友利用3张牌计算24点,大家做得真棒! 如果再加1张牌你能算得出来吗?

学生:能!

师:你们知道4张扑克牌的计算规则吗? 和你的小伙伴说说。

2. 师生总结规则

4张和3张是一样的,都是每张扑克牌只能用一次,用"+""-""×""÷"的方法来计算。

3. 试一试

(出示1、2、5、8)

教师:既然大家都知道了规则,那么请和小伙伴说说这道题应该怎样计算?

生1:$8-2=6$　　$5-1=4$　　$4\times 6=24$

生2:$5-2=3$　　$3\times 1=3$　　$3\times 8=24$

生 3:$5+1=6$ $8÷2=4$ $4×6=24$

师:小朋友想了这么多方法,智慧老人看见你们会用 4 张牌计算 24 点,他非常高兴,想请小朋友到智慧宫去参加算 24 点比赛,但要去智慧宫必须先要闯关,一共有三关,只要顺利闯过三关,就会来到智慧宫,你们愿意吗?

生:愿意。

三、闯关

第一关:用 1、2、3、4 计算 24 点

生:$1×4=4$ $2×3=6$ $4×6=24$

生:$2+4=6$ $1+3=4$ $4×6=24$

生:$2×4=8$ $3×1×8×24$

……

第二关:用 6、2、3、5 计算 24 点

第三关:用 2、4、7、9 计算 24 点

师:小朋友们已顺利闯过了 3 关,来到了智慧宫,那里有好多小朋友在玩 24 点,让我们也加入他们当中。

(屏幕出示)智慧宫要求是四人一组,每人发一张牌,若出现不能计算时,每个人拿回自己的牌,重新再发一张。谁输了 4 张牌就给谁,手里牌没了就赢了。

(学生活动)

四、谈体会,布置任务

师:通过这一节课的学习,你有什么收获?先小声地和小伙伴说说。

师:谁想来说说?

生:我感到很快乐!

生:我终于学会了"算 24 点"了。……

师:这一节课老师也很开心,和小朋友们一起学会了"算 24 点",你们

想不想继续玩下去？

学生：想！

教师：回家后把这个方法教给邻里的小朋友，和他们用打扑克的方式进行计算。

案例反思

教学的最核心任务不是如何把现成的知识表现出来，传递给学生，而是如何激发学生原有的相关知识经验，促进知识经验的"生长"，促进知识经验的构建活动。"数学教学是数学活动的教学，是师生之间、学生之间交往互动与共同发展的过程。"数学教学活动化是新课程提出的新要求。

在本节综合实践课中，我为学生创设生动、直观的活动情景，充分调动了学生的兴趣和积极性，同时在活动中充分体现了学生自主、合作、探究的学习方式。在"算24点"的过程中，通过讨论，培养学生的合作意识。整个课堂活动中，让学生人人参与，而且学生的学习情绪高涨，真正的"活"了起来，有放有收，收放有序，使课堂活而不乱。

通过本节课的学习，我依据课程标准的要求，真正发挥学生的主体作用，激发了学生的学习欲望，使学生能在一个玩的过程中学到需要的知识，充分释放每个学生的潜能和才华，让人人体验成功的快乐。

（浙江省乐清市雁荡镇一小　阮雪云）

创设生活氛围，培养实践能力——《号码》

案例背景

教学时，我们应结合学生的实际经验和已有知识设计富有情趣和意义的活动，使他们有更多的机会，从周围熟悉的事物中学习和理解数学，感受数学与现实生活的密切联系，提高学生运用数学知识解决实际问题的能力，从而提高学生的综合素质。根据这一情况，我设计了实践活动课《号码》。

案例描述

一、引入

1. 布置学生收集记录生活中可能遇到的各种类型的编号并了解编号所表示的具体内容，以供课堂上分析、讨论时用。（能收集实物的，尽量收集实物或拍照片）

例如：身份证、汽车牌照、电话（手机）号码、书籍出版编号及药品生产批准编号等。

师：你在生活中有见到过、听说过号码？说说你知道有哪些号码？

2. 依次出示一些号码，分别说一说从这些号码中可以了解什么情况？重点讨论手机、车牌，体现号码的唯一性。

评析：课前组织学生实地收集各种号码，缩短了课本中的数学与生活中的数学的距离，这样做丰富了学生对各种号码的认识，提高了学生收集、整理和分析数据的能力。

二、展开

1. 研究身份证号码编排规律

（1）从学生收集的身份证中选取 6 个身份证原件

33 03 23 1974 12 06 03 2 5

33	03	23	1974	07 09	80	1	1
33	01	06	1979	01 12	00	1	1
42	02	03	1978	07 12	25	3	1
42	03	22	1965	01 29	44	2	8
42	06	84	1979	06 16	20	2	3

身份证上有什么？（姓名、性别、民族、出生、编号等）

我们把编号提取出来，一起研究身份证号码编排有什么规律？

（2）合作探究、寻找答案

小组组长拿出1号纸（6个身份证复印证件），学生通过小组讨论身份证号码的异同点，对身份证上的每一位数字结合身份证上的文字信息，进行猜测、分析、寻找答案，认识其中规律。教师巡视倾听学生的小组里的发现，并进行指导。

（3）组织交流、共享发现

各小组对自己的探究结果作出发言

小组1：浙江省都是330，湖北省是420。

小组2：都有18个数字。前面两个身份证都是乐清的。

小组3：出生年月日在身份证里也有。

师：你能具体地说说吗？

小组3：第一个身份证里出生年月日为1974年12月6日，身份证的号码里有19741206，而第二个身份证里出生年月日为1974年7月9日，身份证的号码里有19740709。

师：对呀，你看接下来的身份证的号码里有没有这样的发现。

学生再一次观察，验证规律。

评析：尽量让学生畅所欲言，用自己的语言表达自己的收获与感受，不一定只停留在问题本身。鼓励那些对号码有独特见解和认识的同学说出他们的"奇思妙想"。

(4)教师根据学生的发言,进行总结

课件出示六个身份证号码,教师依次总结。

省份	地区	县市	出生年	月	日	顺序码	性别	校验码
33	03	23	1974	12	06	03	2	5
33	03	23	1974	07	09	80	1	1
33	01	06	1979	01	12	00	1	1
42	02	03	1978	07	12	25	3	1
42	03	22	1965	01	29	44	2	8
42	06	84	1979	06	16	20	2	3

师:倒数第2个数字,说说看代表什么?

生1:表示年龄。

生2:表示门牌号码。

生3:生日。

生4:不对,生日前面已经知道了,表示出生时间是2时。

生5:是表示性别吧。

师:是表示性别,你能说说哪些数字代表女,哪些数字代表男吗?

学生在小组里观察,得出奇数是男,偶数是女。

2. 身份证号码的意义

师:身份证号码要表达的意思既然可以用文字表达,那为什么还要用数码来表示?与学生共同探讨,总结出编码的优越性和科学性。

师:这么几个简简单单的数字就可以反映出一个人这么多的信息!它非常的简明、科学,这也就是编码的优越性。

师:刚才我们从身份证号码里知道了那么多的信息。以上6个号码里,你们知道哪个是我的身份证号码吗?

生:第一个。

师:刚才在上课前有同学问我今年多大,你能从我的身份证号码里知道我的年龄吗？

生：是 38 岁。

师：你怎么算的？

生：2012－1974＝38

师：还能知道我的哪些信息？

生：……

3. 编排学籍号

(1)编排学籍号的意义

师：刚才我们研究了身份证上的数字,发现了这么多信息,同学们在学校里有没有号码？是什么？

生：学号。

师：32 号请起立,23 号请起立,在星期一晨会上,校长说："请 32 号上来领奖。"你去不去,为什么？

(2)自己编一个号码

①你认为应该体现哪些信息？（班级、学号、出生、性别……）（师并板书）

②师：那么多的信息都要放进去,你认为怎么样？

生：太长了。

a.编号码要有一定的规则,我们要选取必要的信息,又要考虑简短。学生通过讨论选取班级和学号两个信息。

b.这些信息的顺序是怎样？

c.反馈,确定号码要体现的信息及其顺序。

(3)编自己的号码,在小组内介绍一下自己编的号码

(4)班级交流,并说说全班的号码有什么相同点和不同点

评析：这一环节是每个学生主动地、富有个性地学习过程,学生分组研究身份证的编排规律,教师组织学生在小组里讨论、交流、辩论、探索,

得出了正确的编排规律,最能体现学生的创新意识和实践能力,体现数学服务于生活的理念,每个学生都会获得成功的体验,态度的转变,提高了数学素养,有效促进学生多元发展。

三、拓展

1. 出示相应的信息,编义务教育登记卡号

师:教导处也给每个同学在一年级时就有一个号码,叫义务教育登记卡号,在浙江省全省通用,你认为需要体现哪些信息?

(教师根据学生的回答,依次板书:温州、乐清、学校、班级、学号)

师:同学们刚才编的号码,今年比如是 4532,那明年该是多少?(5532)

师:但教导处给同学们的号码,在小学六年内都不变。你认为把班级改什么比较好?

生:毕业时间。

师:学校统一规定按入学时间来编排。

(经过一番讨论和比较,不久我们得出了我们认为最适合的学籍号的设计方法)

课件出示:

浙江省义务教育卡编码规则:

……

学生阅读以上课件出示的信息,编自己的义务教育登记卡号。

评析:同学们的兴趣马上被提升起来,他们纷纷陷入了思考,并在草稿纸上比画着。

全班交流。如 030407450532。

2. 请你当侦探

2012 年 3 月民警叔叔正在捉拿一个通缉犯,你能根据服务员提供的五个姓王的客人的资料,最快找出凶手吗?他的具体情况是:男,外号

"王黑",36岁,江西省景德镇人。

姓　名	房间号	身份证号码
王小君	4012	330103197412056023
王　明	2009	360202197604082061
王天成	8016	220103197601202332
王一鸣	7025	360202197606151213
王　辉	5020	360203196603222012

学生在小组内先进行讨论,最后汇报,要说出推断的过程。

评析:这两道作业题,既是对实践成果的巩固,又是对实践成果的延伸和提高。特别是后一道开放题,学生解题兴趣极高,学生能用不同的推理做出判断,有效地增强了学生的数学应用意识,进一步提高了学生分析和解决实际问题的能力。

四、回顾整理,总结质疑

略

案例反思

在刚试教这节课时我发现,学生往往对热热闹闹的活动场面很感兴趣,对这种全新的学习方式也十分好奇,但对如何进行实践活动却茫然无知,导致活动研究只注重表面现象,体验走走过场,或者在实践活动中稍有收获和体会就非常满足,浅尝辄止。这样的实践活动虽然热闹但少有实效。不用说发展他们的探究精神和问题意识,就是想获得参与实践的真切体验和丰富经验也难以做到。究其原因,一是学生视野不开阔,思维受局限,对生活的理解不深人;二是学生缺乏开展实践活动必备的常识,即缺乏必要方法的学习和训练,对实践活动的目标不具体、不明确,也是其重要的因素。

后来我引导学生由浅尝辄止走向深度实践、深度体验。深度实践要求学生在活动过程中,真正理解实践的目的和意义,引导学生把各种实践活动的目标细化、分解，并进行合理分工；把握各种不同实践方式的基本要求和操作要领，结合具体的活动情境，提出有探究价值的问题，注重引导学生对实践过程进行细致的记录和深刻的反思，每一阶段都进行适时的调控。需要反复实践的要多次实践，需要更换实践方式的就要及时更换。只有这样及时总结和反思实践过程，才能使学生真正通过实践活动受益。

（浙江省乐清市乐成八小　王海乐）

预设与生成的辩证统一——《对称图形》

案例背景

要把《对称图形》这一节课上好,需要注意预设与生成的辩证统一。预设与生成是一对孪生姐妹,教学过程不是预设不变的,预设是为了生成的有效性,两者的有机结合,课堂才能闪现出创造的光辉与人性的魅力。

案例描述

1. 分一分

师:课前我收集了我们班同学的一些剪纸作品,现在谁能把这些作品分分类吗?

生:我会!我会!

(很多学生举手)

师:谁上来试试?

(生上台来演示)

生边移动作品边说:我把它分成四类。

师:你为什么这样分?

生:我按穿的、动物的、植物的、其他的。

(这时,底下很多同学叫着有不同的分法)

师:你也有你的道理,你听听其他同学的意见,行吗?

(另一位学生来演示,生很快分好)

师:你为什么这样分呢?

生:因为这边的东西是左右对称的,那边的"小旗子"与数字"9"不是对称的。

(下面同学不约而同地鼓起掌来)

师(笑着):哦,你是按对称的标准去分的,你真不错!已经会用新知识了。

师(对着全体学生):看来,你们都喜欢这样分吗?

生(齐声):是!

师(趁势追击):那你们能从自己带来的剪纸作品中找出对称图形吗?折一折,你发现这些对称图形还有什么共同的地方吗?

(每个学生动手操作后)

生1:两边都一样。

生2:对折的两半完全一样。

生3(叫着):老师,这些图形里都有一条线!

生4:都有一条折过的线把图形分成了两半呢。

师:对呀!你们都说得很好。这条折痕我们给它取个名字怎样?

生:(折痕线、对称线、对半线、对称轴等)

师:你们取的名字都很有意思,知道的也很多呢。我们数学王国里就把它叫做这个对称图形的对称轴。这个折痕是个新的线朋友噢!

(老师示范画树叶的对称轴后,再请生上来画了纸蝴蝶与纸蜻蜓的对称轴)

2.画一画

师:接下来,老师要考考你们了。你会判断这些图形是对称图形吗?(书上第68页实物投影)是对称图形的话,请在书上画出对称轴。

(生操作,师了解学情,并指导个别学生,有个别学生很快举手说画好了)

师:已经完成了的同学再动动脑,找找画画书上的五角星藏着几条对称轴呀?

(那些举手的学生又忙着去画了,大部分学生已经完成第一个要求的作业)

师:请大家看屏幕,我们一起看看自己找对了没有,画得对吗?

(请学生一一说明为什么是对称图形或不是的理由)

生1:我画出五角星有2条对称轴。

生2:不对,有3条呢!

生3:我画出了4条了。

生4:一定有5条的。

师(笑着问):你是猜的,还是已经都画出来了呢?

生:我还没有画好,但我发现从每个角画到对面都正好是一条对称轴呢!

师:你真爱动脑筋,会表达,真不错! 你刚才说得很对,看老师手里的纸,(折、剪、打开)是什么? 我们折一折,看看是不是他说的那个理儿。

(大家看老师演示验证)

3. 找一找

师:用刚才我们研究五角星的方法,我们小组合作能否找到这些图形的对称轴。

(师先出示这些对折图形,让学生先猜是什么图形,然后展开)

师:不过在判断之前老师要提醒大家不要太相信自己的眼睛呀! 还要动手试一试呀。

(要求:小组组长拿出信封里的图形分给每人一个,请每个同学先猜一猜,再折一折,多折几次,快的同学可以交换图形,然后每个成员分别说说自己的看法,并且选出一人向老师汇报结果。比一比哪一组组织得最好)

(全班学生开始活动。老师随机指导观察)

师:现在开始汇报啦! 谁先来?

生1:我发现正方形有4条对称轴!

生2:我发现长方形有2条。

生 3:不对,长方形也有 4 条。

师:你折给大家看看吧。(我立即请生演示,她在演示对角折的过程中时……)

生叫:这不对称了,两半不重合了。

师(对着生 3):那你看明白了吗? 谁来继续汇报?

生 1:圆有 4 条对称轴!

生 2:我折出圆有 8 条。

师:那你如果继续折下去呢? 会怎样呢?

生 2:我想有很多很多!

师(装作很奇怪):为什么呢? 你是怎样想的?

生 2:不管我怎样对折,两边都是一个半圆!

师:真聪明,是个会动脑筋的孩子。那谁已经研究出结果了?

生 1:我们找不到它的对称轴!

生 2:有的,不过我是把它先剪了再拼起来。

生 3:老师,这样是不算的。

师(笑着):看来你们都是认真去探索数学知识的学生,那我们一起验证你们刚才折的图形中的对称轴情况。

(电脑演示四种图形的对称轴条数,然后师小结)

案例反思

在创设情境后学生对"对称"有了模糊的概念,然后分类作品就是让他们进一步巩固对对称图形的理解,由于学生已有知识经验与思维方式的不同,接受新知识的快慢不一样,所以学生分类时出现的不同是很必然的现象,而我在课堂中也很好利用了他们的即时生成资源,虽然是"慧心早具",但是顺势利导,使得资源"随机生成",使课堂中的分类活动"瓜熟蒂落",成就了课堂中的一个精彩亮点。学生的掌声自然响起,让我意外的惊喜,感受到我们的孩子是多么富有灵性啊! 在课堂教学中我们以后肯定会遇到很多没有想到的"可能",所以我们要善于对学生的"学情"做好了解与调查,"蹲下身子"去倾听我们孩子的富有童趣的问题,并捕捉到这些思维活动的信息,精心构造弹性的接近学生实际的教学方案,在预设中体现教师的匠心,增加课堂教学的体验性与生成性。

在教学"2. 画一画"中,当我看见学生画对称轴快慢很不一样,为了使"不同的人在数学上得到不同的发展",我临时"抛砖引玉"提出"找找五角星的对称轴"这个问题,使得学有余力的学生能在课堂中探索更多的东西,学到更多的知识,而其他学生在共同探讨了找五角星的对称轴的问题后,对后面的找对称轴的问题就有了经验,后来又与下面的教学环节再次融合。我们教师就要根据课堂上的变化情况不断深入而自觉的反省,用动态生成的观念调控教学预设,应临场需要与状况,对新资源的生成要有效地开发与利用,解决好课堂中的各种"可能",动态生成,运用好我们教师的教育机智,能使课堂异彩纷呈,使课堂教学成为师生共同成长的过程。

在教学"3. 找一找"中,对于学生找"圆"有几条对称轴这个问题,原先我预设在这里让他们多讨论,自己把握时机,顺势利导,让学生讨论出一个精彩的结果,可是后来却只考虑到自己的后面教学环节的时间不够,而是利用学生的话就草草结束了对圆的对称轴的研究,一句"轻描淡写"的表扬后,就用电脑演示代替了验证。由于没有给学生足够操作的时间,也没有想到怎样去"制造混乱"让课堂中出现"生成性因素",而是一味地按照自己设定的"直线型"的教学方案,毫不犹豫地进入下一阶段,在学生汇报一种图形的对称轴时,没有及时利用已有的材料(学具)边说边立即演示验证,却把验证结果都归到最后用电脑演示,这样一来学习效果不好,学生对新知识的构建印象不深。

对于"分类"那环节,惊喜之余,我遗憾当时没有做进一步的调整预设,做一个"无事生非"的引导者,再提出"兴风作浪"的问题:"那你们说说,为什么这样分比较喜欢呢?"这样更加突出所有的新知识要通过学生自身的"再创造"活动,再纳入其认知结构中去,才能成为有效的知识。

一堂符合新课程标准的课,预设与生成的辩证统一为最高境界。教师在课堂教学预设时,应"着眼于整体,立足于个体,致力于全体",适时提一些"大问题",把课上得"大气"一些,上得"粗糙"一点,给学生留有自主建构的空间,有充分的活动、想象时间,有充分的师生交流时间。这样,动态生成的亮点能使教学充满师生成长的生命气息,促使学生全面、持续、和谐地发展。

(福建省福州市磐石小学　施爱珍)

三教三改中提升效率
——《列方程解应用题》

案例背景

列方程解应用题是小学生学习的一个难点,它和用算术方法解应用题一样都是以四则计算和常见的数量关系为基础,但在解题思路上有所不同。学生在一至四年级的应用题学习中,已经养成算术方法解题的习惯,刚接触列方程解应用题时难免有些排斥,所以如何把学生引入到方程中就成了这节课的重中之重。

案例描述

一教,遭遇情绪淡漠

今天,我第一次上"列方程解应用题"一课。这是一堂应用题教学课,无疑会充斥着枯燥的分析、练习,很难调动学生的学习积极性。

于是,我决定围绕"国庆节外出旅游"这一主题情境展开教学,例题从旅游途中关于悬挂彩灯的问题引出,巩固练习的素材也取材于游乐场的各种问题。

原本以为,学生会对在生活场景中寻找数学、应用数学产生兴趣,从而提高效率。可令人尴尬的是,从"超市购物"开始,学生就反应淡漠,缺乏激情,到后来练习巩固时已经疲劳、厌倦,纷纷抱怨道:"旅游什么呀,还不是为了做题目!"这样的情绪直接导致了学生对寻找数量关系、列出相应方程的掌握效果很差。

强烈的失败感敲打着我,使我认识到,这种看似"生活中处处有数学"的设计,实际上是肤浅的"生活+数学",是牵强地把数学问题放人生活之中。过多同一层面的情境推出,实际上是一种资源浪费,使得效率低下。

二教,感觉喜忧参半

不甘心第一次的失败,今天我进行了第二次尝试。课前,我对教材又进行了深入的分析、思考。找到了数学知识背后的本质思想:等量关系的实质就是等式两边的平衡。于是,我决定在"平衡"上做做"文章"。

片段:导入"天平称物"这一情境(动画播放)

1. 平衡的天平左托盘里有两个完全一样的小玻璃球,右托盘里放 40 克砝码。求一个小球的质量,列等式表示。($x+x=40$ 或 $2x=40$)

2. 一个小玻璃球若换成大的,追问学生如何使它恢复平衡。

3. 将右托盘里的砝码换成 60 克的,根据恢复平衡的天平求大玻璃球的质量,列等式表示。($20+x=60$)

4. 模拟天平称苹果和香蕉。

左托盘:3 根香蕉;右托盘:1 个苹果。天平平衡。(用一句话描述你的发现)

左托盘:1 个苹果和 1 根香蕉;右托盘:400 克砝码。天平平衡。(用一句话描述你的发现)

将两句话合并到一起,提出问题。由此产生新授例题。学生展开小组讨论,尝试自己解题。

天平的引入和层次鲜明的问题设计使教学效果明显改观,学生以激昂的状态投入前半部分的学习,也明白了数量关系的实质。但本课的后半段教学是枯燥的,学生在不断重复的练习中没有获得除知识、技能以外的发展。课堂只重视从生活中找数学,却忽视了将数学应用于生活。

所以,在欣喜的同时,我还感到遗憾。怎样才能让同样的课堂有更高的效率呢?

三教,在丰盈中提升效率

些许成功夹杂着些许遗憾,我开始了第三次探索。从细微处入手,成就了我的第三次以渗透"平衡"思想为主导的教学。

画面 1：两个小朋友玩跷跷板

学生可以根据跷跷板的平衡,发现两个小朋友一样重。

画面 2：一个大人、一个小朋友玩跷跷板

学生可以根据跷跷板的不平衡,推测两人体重不等。

画面 3：一个大人、两个小朋友玩跷跷板。

学生可以根据跷跷板恢复平衡,发现两个小朋友和一个大人一样重。

画面 4：模拟天平称物(同第二次教学)

增添了跷跷板这一环节,使学生的参与热情变得很高,解决了前两次学生热情欠缺的遗憾。他们熟悉又感兴趣的生活场景激活了他们对生活中"平衡"经验的回忆,使之接下来更快、更深刻地提炼出数学中的"平衡问题"。

后半段我围绕"平衡主题"设计了许多练习:

在自然风光短片的播放中呈现砍伐树木的信息组,在鲜活材料中采用同桌互说的方式巩固数量间的相等关系。

播放短片(美国黄石公园鹿与狼的故事),出示蕴涵于故事中的三组信息,以小组为单位自主选择感兴趣的一组或几组编题解答,汇报。

新授之后的所有练习都融入"关注自然生态平衡"这个大主题中,从材料的选择到信息的呈现都关注了"平衡"主题,使教学有了主心骨。每一个细节都贯穿着等量关系、解题策略等的训练,并且穿插了同桌讨论、独立完成、小组合作等不同层次的活动方式,都是"看似无痕,实则有意"的巧妙安排。这样的学习、练习方式学生喜欢、推崇,也就扎实、高效。

课后的作业练习以及和孩子们的沟通都证明,这样的改进和设计是符合他们的需求的,能创造出良好的学习诱因,为他们打开一扇通向高效学习的大门。

案例反思

三教三改,使我对课堂效率、张力的提升有了自己的感悟。

1. 变单纯的知识技能训练为多维目标链接,让学生在情感、态度和价值观的可持续发展中获得了张力。这样的改革,创设了学习的良好诱因,提高了一堂课的教学效率。

2. 变工具数学为文化数学,扩张了数学更深层次的魅力,实现了"数学源于生活,又用于生活",体现了解决问题的价值。

3. 变传统数学为哲理数学,打破了数学的学科界限。《基础教育课程改革纲要》指出:"要改变教学过分注重学科性,实现多学科的整合。"通过深入地解读教材,借助恰当的情境对学生进行无痕的思想教育,体现了数学的人文性、哲理性。

(江苏省南通市通州区实验小学　高艳)

数学游戏的魅力——《神奇的495》

案例背景

《神奇的495》一课的教学内容选自北师大版小学数学教材第四册的一则数学游戏——"神奇的495"。这则数学游戏的题意大致是:从1至9这九个数字中任选三个数字,组成一个最大的三位数和一个最小的三位数,求出它们的差;再把所得的差的三个数位上的数字重新组成一个最大的三位数和一个最小的三位数,求出它们的差。重复上面的操作,最后总能得到495。

案例描述

师:(上课伊始)老师先给大家变个魔术,好不好?

生:(都很高兴)好!

师:(故弄玄虚)这个魔术是魔术中最难的,叫作"读心术"。哪个同学愿意上来让李老师读一下你的心?

(一名同学自告奋勇,上来了)

师:现在请你在心里想好三个数字。你不用告诉李老师你心里想的数字,李老师就能猜出用你想的那三个数字经过这样的计算(课件出示计算的方法,即组成最大数与最小数,相减求差,循环下去)后,最后得出的结果是多少,你们信不信?

生:(一脸好奇)不信!

师:咱们试试看!请这位同学先想好三个数字,想好了吗?

生:(小声)想好了!

师:好的,李老师可要开始读她的心了,噢,我看出来了,老师将答案写在这张卡片上。

(师将答案写在一张小卡片上,并用小磁铁将答案反吸在黑板上)

师:现在你可以告诉大家,刚才你心里想的那三个数字是什么了。

生:1、2、3。

师:按照这个魔术的规则,咱们得先组成一个最大的数,那是多少?

生:321。

师:还要用这三个数字再组成一个最小的数,是123。

师:然后用最大的数321减去最小的数123,会算吗?

师:算出来的结果是198,仍然是由三个数字组成的。接下来,按刚才的方法,用这三个数字再组成一个最大的数,是981,组成一个最小的数是189,然后用最大的数再减去最小的数。咱们一起算一算。

师:结果是792,还是由三个数字组成的。还可以重复刚才的做法,再写一个减法算式。谁知道这第三个减法算式该怎么写?

生:972-279。

师:请同学们用这样的方法接着往下算,看看最后的结果是多少。

(生经过计算后发现:在算到495后,就一直重复着相同的结果——495)

师:同学们算出了最后结果,是495,下面就是见证奇迹的时刻了。老师请个同学来揭晓这个结果吧!

(一个学生上来翻转纸片后,全班一片惊呼:哇!)

师:真的很不可思议,可最不可思议的是没有掌声!

(生笑着鼓掌)

师:魔术最精彩的地方便是魔术的揭秘了,同学们猜一猜,李老师是怎么办到的呢?

生:会不会是所有的三个数字这样算出来的结果都是495?

师:这个同学有一个大胆的猜想:所有的三个数字通过这样的计算,最后的结果都是495。你们同意他的看法吗?

师:怎样才能知道这位同学猜得对不对呢?

生:换三个数字再试试。

师:好的,同学们按照这位同学所说的,换三个数字去试一试,看看是不是最终的结果还会等于 495。

(学生们通过验证发现结果果真都是 495)

师:现在知道了吧,其实神奇的不是李老师,而是——

生:是数学!

师:不同的三个数字,只要经过这样计算,结果一定有一个数在等着它,495 最后一定会掉到这里来,不管三个数字怎么换,都逃不掉。这让李老师想到了宇宙中的一个天体……

生:黑洞。

师:为什么想到了黑洞?

生:因为黑洞有很大的能量,什么东西都会被它吸进去!

师:你知道得真多! 是的,495 也像一个黑洞一样,不管是怎样的三个数字,只要沿着这样的规则去计算,结果一定会掉到这里来,因此,在数学上"495"被称为数字黑洞。

案例反思

本案例中,教师将魔术贯穿于整节课,真正激发了学生的学习兴趣和探究欲望。教学全过程浑然一体,极其流畅。这个魔术让整堂课焕发出"神奇"的色彩。这个案例给了我们这样的启示:教学形式的不断创新是提高教学有效性不容忽略的因素。长期以来,我们总认为应该注重教学内容,将"教什么"置于"怎么教"之上,这无可厚非。然而,我们不能忘记,教学不是教师的一厢情愿,而是师生的和谐共振,因而,如何以新颖的教学形式让教学引发学生的共鸣、引发学生的参与热情,便显得尤为重要。

(福建省泉州市第二实验小学　李培芳)

让学生感受到自己是一个发现者

案例背景

"在人的内心深处都有一种根深蒂固的需要,这就是希望自己是一个发现者、研究者、探索者。而在儿童的精神世界中,这种需要特别强烈。"这是著名教育家苏霍姆林斯基说过的一句话,这句话虽朴实却深刻!我问过我女儿,学习数学最让她觉得快乐的是什么。她说:"最快乐的是将一个很难的题给做出来!"女儿这种真切的体验与朴素的表达,其实和著名教育家苏霍姆林斯基的看法是一样的。所以,让学生感受到自己是一个发现者就尤为重要。

案例描述

你已经是一个发现者

没有一门学科比数学更能让孩子们有这样的体验了。在数学学习中,如果老师愿意,孩子们完全可以在课堂上觉得自己是一个发现者。然而,如果老师没有告诉他们——"亲爱的孩子们,你们已经在不经意间成了一名发现者了",他们是无法有这样的体验的。因此,数学老师首先应该学会把这样一句话挂在嘴边,那就是:"亲爱的孩子们,你们知道吗?这是你们的发现,是了不起的发现!"当你说完这句话的时候,我可以确定,接下来你会发现教室蓦地一亮。请不要讶异,这突如其来的光芒一点儿也不奇怪,那是孩子们因兴奋与喜悦而起的变化——集体眼睛发亮!

在教学《乘法分配律》时,同学们通过"联系实际,感知建模;类比归纳,验证模型;归纳概括,完善认识"的探索过程,最后得出了"乘法分配律"。教师在课的最后进行了以下总结反馈。

师：在课的最后，大家想不想知道乘法分配律是谁发现的呀？

生：想！

师：这乘法分配律一开始是谁发现的呢？我也不知道！

（同学们大笑，觉得老师很好玩）

师：但是我知道在今天，是咱们四(5)班的全体同学用自己的思考，用自己的观察，用自己那双迷人而又充满智慧的小眼睛发现的！

（学生们会心地微笑着，看上去很是受用）

师：一般说完这段话都会有掌声的呀！

（学生们边笑边鼓掌）

当老师告诉孩子们"你们成功了"时，孩子们便油然生出极其愉悦的感觉，而这种探究成功的愉悦体验，有时还需要老师来强化。例如在教学《三角形边的关系》一课时，在学生通过操作、观察、比较、归纳、猜想、验证等学习活动过程，发现了"三角形任意两边的和大于第三边"这一规律后，教师这样强化：

师：在刚才的探索与验证过程中，同学们有了这么了不起的发现，发现了这么重要的规律——三角形任意两边的和大于第三边。

师：同学们觉得探索发现的过程辛苦吗？

生：不辛苦！

师：实话实说，还真是有点辛苦的，可现在成功了，你们心情怎样？

生：很开心！

师：这样的心情真是痛并快乐着啊！

发现是喜悦的，而这喜悦源于发现过程的艰辛，探索过程越是艰难曲折，之后的成功体验越是强烈。因而，对于"探索与发现"这样的课型，教师应将探索的过程做足做充分，不要急于得出规律，要发自内心地珍爱这样的学习资源。让学生经历一个深刻、完整、严谨的探索过程,因为在这一过程中,不仅可以让学生去探索、实验、发现,激发他们探究的欲望,而且还向学生渗透了一种结构严谨、逻辑严密的数学思维模式。

你愿意是一个探索者

发现是喜悦的,然而不是每一次的探索都会成功。虽然对孩子们说这样的话有点残酷,但是要让他们知道这个道理,因为这是生活的真实。不过,还要强化他们这样的想法——"其实,你们是愿意成为探索者的,无论成功与失败"。这尤为重要!

为什么说是强化呢?因为这样的想法是孩子们固有的,他们可不像成年人那么功利,对没有结果的探索他们同样很感兴趣。

例如:在教学"倍数与因数"一课时,在课的最后,教师引入了"完美数",让学生在感受数学文化的同时去体会作为一个探索者的乐趣。

师:李老师给大家介绍一种数,叫做"完美数"。数学家找到的第一个完美数是 6。为什么是 6 呢?请同学们用最快的速度说一说 6 的因数。

生:1、2、3、6。

师:把 6 画去,1+2+3=6,又回到了 6 本身。有的同学觉得这样的数有什么稀奇,说不定一抓一大把呢!不着急,请看(课件显示)——

第三个完美数是:496。

第四个完美数是:8128。

第五个完美数是:33550336。

第六个完美数是:8589869056。

(学生看完后均惊呼出声)

师:有什么想说的吗?

生：看来完美数真的是很稀有！

生：第六个完美数那么大，是怎么找到的呀？

师：是啊！要从几十亿的数中找出这些完美数来，数学家们要付出多大的心血啊！你们觉得是什么力量使数学家们去不断努力的？

生：好奇心！

生：第二个完美数怎么没有显示出来呀？是多少呢？

师：同学们想知道第二个完美数是多少吗？（生答"想"）那么，你们想不想像数学家那样去探索，把第二个完美数给找出来？

生：（大声地）想！

师：好吧！那同学们就开始找吧，看谁能在下课之前将第二个完美数找出来。

（结果，到下课时，同学们还是没能找出第二个完美数）

师：下课了，怎么办？

生：我要继续找！

生：回家继续找！

师：同学们，你们这种探索的精神真让老师感动！要不然，老师告诉你们结果，好不好？

生：不好，老师，我们能自己找出来！

师：好样的！只要坚持就有希望！

其实，我们经常被孩子们的探索热情所感动，他们总是以乐观的心态去看待希望，正因为这样，他们才无怨无悔地一次次地充当"探索者"的角色。作为数学教师，我们要做的就是表达出自己真诚的欣赏与感动。我总觉得没有比发自内心的真诚的欣赏更能激励孩子们的了。试想，如果他们真切地感受到了老师因为他们的努力而感动，那该让他们多么欣喜啊！而接下来由这样的欣喜而生发出来的学习欲望会是多么强烈，那真是我们无法想象的啊！

案例反思

"让学生感受到自己是一个发现者"，其实就是一种激励的方法，与众不同的是，这样的激励同时伴随着学生强烈的个体体验，并不是所有的学科都能让学生有机会享受到这样的体验。教学实践表明，如果能让学生主体的积极性得以充分发挥，就能起到事半功倍的作用。有效的数学教学也许可以采用这种另类的激励方法，充分发挥学生学习的主观能动性，真正让"迫切地要学生学"转化为"学生迫切地要学"。

（李培芳）

第三章　广博英语

小学英语课程的性质与目标

外语是基础教育阶段的必修课程,英语是外语课程中的主要语种之一。基础教育阶段英语课程的任务是:激发和培养学生学习英语的兴趣,使学生树立自信心,养成良好的学习习惯并形成有效的学习策略,发展自主学习的能力和合作精神;使学生掌握一定的英语基础知识和听、说、读、写技能,形成一定的语言综合运用能力;培养学生的观察、记忆、思维、想象能力和创新精神;帮助学生了解世界和中西方文化的差异,拓展视野,培养爱国主义精神,形成健康的人生观,为他们的终身学习和发展打下良好的基础。

《课程标准》中定下九级目标,其中小学完成一级和二级目标。从3年级开设英语课程的学校,3、4年级应完成一级目标,5、6年级完成二级目标。课程目标的各个级均以学生语言技能、语言知识、情感态度、学习策略和文化意识五个方面的综合行为表现为基础进行总体描述。以下是本课程一级至二级应达到的各种目标。

一级语言技能目标

听做:1. 能根据听到的词语识别或指认图片或实物;

2. 能听懂课堂简短的指令并做出相应的反应;

3. 能根据指令做事情,如:指图片、涂颜色、画图、做动作、做手工等;

4. 能在图片和动作的提示下听懂简单的小故事并做出反应。

说唱:1. 能根据录音模仿说英语;

2. 能相互致以简单的问候；

3. 能相互交流简单的个人信息,如:姓名、年龄等；

4. 能表达简单的情感和感觉,如:喜欢和不喜欢；

5. 能够根据表演猜测意思、说词语；

6. 能唱英语儿童歌曲 15～20 首,说歌谣 15～20 首；

7. 能根据图、文说出单词或短句。

玩演:1. 能用英语做游戏并在游戏中用英语进行简单的交际；

2. 能做简单的角色表演；

3. 能表演英文歌曲及简单的童话剧,如(小红帽)等。

读写:1. 能看图识字；

2. 能在指认物体的前提下认读所学词语；

3. 能在图片的帮助下读懂简单的小故事；

4. 能正确书写字母和单词。

视听:1. 能看懂语言简单的英语动画片或程度相当的教学节目；

2. 视听时间每学年不少于 10 小时(平均每周 20～25 分钟)。

二级语言技能目标

听:1. 能在图片、图像、手势的帮助下,听懂简单的话语或录音材料；

2. 能听懂简单的配图小故事；

3. 能听懂课堂活动中简单的提问；

4. 能听懂常用指令和要求并做出适当反应。

说:1. 能在口头表达中做到发音清楚、语调达意；

2. 能就所熟悉的个人和家庭情况进行简短对话；

3. 能运用一些最常用的日常套语(如问候、告别、致谢、致歉等)；

4. 能在教师的帮助下讲述简单的小故事。

读:1. 能认读所学词语;

2. 能根据拼读的规律,读出简单的单词;

3. 能读懂教材中简短的要求或指令;

4. 能看懂贺卡等所表达的简单信息;

5. 能借助图片读懂简单的故事或小短文,并养成按意群阅读的习惯;

6. 能正确朗读所学故事或短文。

写:1. 能模仿范例写句子;

2. 能写出简单的问候语;

3. 能根据要求为图片、实物等写出简短的标题或描述;

4. 能基本正确地使用大小写字母和标点符号。

玩演视听:1. 能按要求用简单的英语做游戏;

2. 能在教师的帮助下表演小故事或童话剧;

3. 能表演歌谣或简单的诗歌 30～40 首(含一级要求);

4. 能演唱英文歌曲 30～40 首(含一级要求);

5. 能看懂英文动画片和程度相当的英语教学节目,每学年不少于 10 小时。

二级语言知识目标

语音:1. 知道错误的发音会影响交际;

2. 知道字母名称的读音;

3. 了解简单的拼读规律;

4. 了解单词有重音;

5. 语音清楚,语调自然。

词汇:1. 学习有关本级话题范围的 600～700 个单词和 50 个左右的

习惯用语;

2. 了解单词是由字母构成的。

语法:1. 知道名词有单复数形式;

2. 知道主要人称代词的区别;

3. 知道动词在不同情况下会有形式上的变化;

4. 了解表示时间、地点和位置的介词;

5. 了解英语简单句的基本形式和表意功能。

功能:了解问候、告别、感谢、致歉、介绍、请求等交际功能的基本表达形式。

话题:能理解和表达有关下列话题的简单信息:数字、颜色、时间、天气、食品、服装、玩具、动植物、身体、个人情况、家庭、学校、朋友、文体活动、节日等。

二级情感态度目标

1. 有兴趣听英语、说英语、背歌谣、唱歌曲、讲故事、做游戏等;

2. 乐于模仿,敢于开口,积极参与,主动请教。

二级学习策略目标

1. 积极与他人合作,共同完成学习任务;

2. 主动向老师或同学请教;

3. 制订简单的英语学习计划;

4. 对所学习内容能主动练习和实践;

5. 在词语与相应事物之间建立联想;

6. 在学习中集中注意力;

7. 尝试阅读英语故事及其他英语课外读物;

8. 积极运用所学英语进行表达和交流;

9. 注意观察生活或媒体中使用的简单英语；

10. 能初步使用简单的学生英汉词典。

二级文化意识目标

1. 知道英语中最简单的称谓语、问候语和告别语；

2. 对一般的赞扬、请求等做出适当的反应；

3. 知道国际上最重要的文娱和体育活动；

4. 知道英语国家中最常见的饮料和食品的名称；

5. 知道主要英语国家的首都和国旗；

6. 了解世界上主要国家的重要标志物，如：英国的大本钟等；

7. 了解英语国家中重要的节假日。

英语教学中的学科整合

案例背景

本案例以学生的生活经验为出发点,将科学课上的水循环知识搬进英语课堂,学生在教师的引导下学习英语,独具特色。通过本课学习,学生能听、说、认读 sunny,cloudy,windy,rainy,snowy,并能通过探究,掌握这几个词汇的读音规律;能够了解不同天气的形成过程,并初步学会根据自然界的各种现象判断天气即将发生的变化。

案例描述

一、热身(Warming-up)

1. Let's do

T:Walk,walk,walk. Run,run,run. Fly,fly,fly. Jump,jump,jump. Dance,dance,dance. Swim,swim,swim. Draw,draw,draw. 中间加入 stop。

(学生饶有兴趣地边听边做,听到 stop 时停)

2. 超级变、变、变

(教师寥寥数笔呈现板书背景,如:山、河等)

T:What can I draw? What do you see?

S1:You can draw a mountain. It's so big.

T:(边说边表演)Look,a mountain.

T:Can you be a mountain? I'm a bird. I'm beautiful. I can fly. What can you be?

Ss:We can be the Yandang Mountain. It's beautiful.

(学生对教师瞬间画成的画很诧异)

二、呈现/操练(Presentation/Practice)

1. 教师在黑板上画一个卡通太阳——sun(板书)

T（引导）：Look，I'm the sun. I'm shining. How do you feel? Are you hot？（教师边表演边说）

Ss：I feel warm.

T：Can you be a sun?

S1（拉起头发表演怒发冲冠的太阳）：Look，I'm the sun. I'm angry.

（众学生笑，教师顺势让学生说出自己的感受）

Ss：I see the angry sun. I'm hot...

S2（驼着背表演年老的太阳）：I'm the sun. I'm old. I'm very kind.

Ss：Oh，I feel...

2. cloud

T：Look，the sun is shining in the sky. The water in the river changes into steam. What will it be?

（教师画云）

Ss：云。

T：Cloud.

Ss（学说）：Cloud.

（板书：cloud）

T：What does the cloud look like?

S1：The cloud looks like the baby's face. It's lovely.

S2：The cloud looks like a UFO. It can fly. It's cool.

T（课件一 出示各种云的形状图）：What does the cloud look like?

图略

S1（图片——）：The cloud looks like a horse. It's strong. It can fly in the sky.

S2（图片二）：The cloud looks like a cow. It's fat.

S3，S4，S5...

3. rain

T：More and more clouds get together. What will come?

Ss：雨

T：Rain.

Ss(学说)：Rain.

（板书：rain）

T：Talk about the sound of the rain.

S1：Rain，rain，hualala.

教师接话题

T：Oh，how heavy！ Heavy rain，let's go！

（教师装着狼狈地逃开，课堂一下子沸腾了，学生纷纷举手模仿雨声。）

S2：Rain，rain，xilili.

T：Oh，light rain.

……

4. snow

……

5. snowy

a. T：What's the weather like here？ It's snowy.

（板书：/i/，snowy）

b. 区别 snow 和 snowy

T：What's this？

T：What's the weather like here？

Ss：It's snow.

T：It's snowy.

c. Talk about snowy days.

T：It's snowy. I can make a snow man.

Ss：It's snowy. I can make a snow rabbit.

T：（教师接学生的话题）Is it beautiful or ugly? Does it have small eyes or big eyes?

S1：I can make a snow Miss Chen.（哄堂大笑）

S2：It's snowy. I can make a snow tiger. It has two big eyes. The eyes are carrots. The nose is stone. It's lovely.（教师表扬,给予肯定）

6. sunny,cloudy,rainy

T：/i/,/i/,snowy. /i/,/i/...

Ss：/i/,/i/,sunny.

教师播放课件：（课件二 不同天气图）

图略

7.用有节奏的 Chant 来操练：Rainy rainy,run back home. Sunny sunny,play a game. Cloudy cloudy,rain is coming.

三、拓展/巩固(Extension/Consolidation)

活动 1

T：（课件三 晴天图）It's sunny. I can...

T：（课件四 阴天图）It's cloudy. what will the weather be like?

Ss:It will be...

T:(课件五 雨天图)It's rainy. Let's...

活动2:谈论天气有可能发生的变化

(课件六 不同天气图片)

T:It's cloudy and windy. What will the weather be like?

S1:It's cloudy and windy. Let's...

S2:It will be rainy. Let's go home.

活动3:根据各种现象判断天气即将发生的变化

a.(课件七 展示蚂蚁上树,繁星满天,鱼浮水面,燕子低飞等各种情景)

T:Look at the tree. What can you see?

S1：There are some ants in the tree.

T：What will the weather be like?

S2：It will be rainy.

T：So can I wear sneakers?

S3：No，you can't. You can wear boots.

T：It will be rainy. What can we do?

Ss：We can...

（教师提供图片中的情景作为参考）

图略

b. 根据天气的相关信息或情景，编对话。学生评选出最佳创意、最佳表演、最佳效果奖。

Ss：We are ants.

S1：I am a tall tree.

Ant1：It's sunny. Let's have a picnic.

Ant2：Oh，no，my hat.

Ant1：It's windy. Look at the sky. There are many black clouds.

Tree：Hey，ants，ants. Hurry up，hurry up. It's windy and cloudy. It will be rainy.

Ants:Oh,let's climb up the tree.

（学生精彩的表演和丰富的想象赢得了阵阵掌声）

案例反思

新课程标准告诉我们,教师应结合教学内容,创造性地设计贴近学生实际,以学生的生活经验为出发点的教学活动。天气是与人们生活息息相关的,人们的日常生活起居出行都与其有着紧密联系,因此也就有了"看云识天气"、"燕子低飞,风雨欲来"等一系列的经验之谈。本课设计就挖掘了人们对天气的这一方面的认识,让学生在学习英语的同时交流个人生活经验。如在本课巩固认读环节设计中,教师借助了学生日常生活的经验,让其根据所提示的物品推理判断天气,在此基础上让学生安排个人的活动和衣着。又如本课最后的表演环节,它既是学生语言知识综合运用,又是学生日常生活经验的大比拼。

在本课的语言知识呈现过程时,将学生科学课上的水循环知识搬上了课堂,使学生在学习英语的同时,也能够接触到自然科学方面基础知识,帮助他们认识了解我们赖以生存的大自然。教师同时借助了歌曲、歌谣、表演等手段使学生的思维和想象力、审美情趣和艺术感受等综合素质得到培养。

在本堂课的教学中,首先,教师是示范者,通过各种手段直观呈现材料,"引发"学生思维,"启动"学生探索。在呈现天气的形成过程时教师借助简笔画和课件创设情境,并示范表演小鸟、树木等形象为学生提供参考,使学生能展开想象的翅膀,自由表演各种事物。其次,教师是启发者,引导学生进行探究学习。介绍 sunny,snowy,windy,cloudy,snowy 等词的发音规则,由此驱动学生的探究心理,自主归纳得出几个词汇的正确读音,体验成功的喜悦。在任务进行的过程中,学生既说又唱,既演又想,手、脑、口、耳、眼、肢、体并用,静态、动态结合,在轻松、愉快的活动中真正用感官和心灵去体验英语语言及其运用。最后,在完成任务的过程中,教师还是助手和观众,引导和帮助学生通过观察自然界的各种现象来预测天气即将发生的变化,并在此基础上联系自身已有经验,表演与各种天气相关的生活情景。

(浙江省温州市实验小学　陈聪聪)

英语课堂教学中的"意外事故"

案例背景

自从走进了小学课堂,我们每天都要面对一张张天真活泼的笑脸和一双双充满求知欲望的眼睛,而这些笑脸和眼睛背后,我们还能看到小学生们好玩好动,自控力差,个性张扬的天性。因此,课堂上,大大小小、形形色色的"意外事故"总是防不胜防地发生着。然而,作为英语课堂引导者的老师,如果对这些"意外事故"处理不当,不仅会影响师生关系、损坏老师在学生心目中的形象,而且会导致学生失去学习英语的兴趣和热情、挫伤学生的积极性。这样,就与《课程标准》所要求的小学英语教学的目的背道而驰了。鉴于《课程标准》的要求,我在我的英语课堂上特别注意运用师生地位平等的原则方法来处理这些意外事故。下面,我就谈谈发生在我的课堂上的两件"意外事故"及我采取的方式方法。

案例描述

"意外事故"一

事故情节:在一次英语课上,我在教"Look at me,this is my head,this is my ear..."时,由于录音中语速太快,学生跟不上来,我便放慢语速,并且用纯正的美式英语让学生跟读,但几遍下来,有些同学的语速还是有些绕不过来,便产生了畏惧情绪、不愿再读了,当我再次让他们模仿跟读时,有位同学竟然干脆说:"我是读不来的。"就不愿再跟读了。有些学会了的同学就骄傲起来了,他们在别人朗读时不认真听,随意插嘴或嘲笑别人,有位同学甚至说:"我学会了还要重复读,真没劲!",当时的我真是左右为难,于是我灵机一动,把全班分为四个小组来竞赛,看哪两个小组读得既清晰准确又响亮整齐,就给他们每组各加一颗"红五角星",结果这一招还真灵验,每个小组都干劲十足了,都读出了自己的最好水平，我给两个较好的小组加了星星后，问另外两个小组的同学要不要再比试一轮，他们齐声说"要!"于是我让他们开始了新一轮的竞争，待同学们基本上都读得很好了时，我看教育的时机已到，于是我说："老师开始学英语时有很多句子也不会读的，但我坚持一遍又一遍地跟读，直到第十遍才终于学会。"接下来，我叫了刚才说"我读不来的"的同学，请他读出"Look at me，this is my head，this is my ear..."等句子，在我的鼓励下，他终于拾起了自信，鼓起勇气大声读出来了，虽然读得不太好，但我还是给予他"Excellent!"的最高表扬，并对其他同学说"Clap your hands!"在小朋友们的掌声中，我较为轻松地纠正了他的发音，并对其他同学说："这位同学说自己读不来，你们说他读得来吗?"同学们齐声说"读得来!"我又说："其实我们每个同学都能读得好，关键看你有没有自信去读好。这位同学首先不够自信，但后来他不再畏缩，而是勇敢地读出来了，这需要多么大的勇气呀，单凭这股勇气就值得我们学习!"那位同学在我和其他同学的掌声中满意地坐下去了。接下来我叫了那位说"我会读了还要重复读，真没劲!"的同学，跟他玩一个"Simon says"的游戏，我很快说出"Open your book! Close your pencil case! Open your mouth! Close your eyes..."等较难的指令，他开始摸不着北了，结果他那骄傲的情绪大打折扣了，开始有了自知之明。于是我不加评定地让他坐下了。接下来的课堂上，他再也不随意插嘴和嘲笑别人了，而是很专心地听别人读和说。

现象分析：这是一个英语课堂中反复操练的环节，对于没接触过英语音标的小学三年级学生来说，这个环节是必不可少的，然而却也是非常枯燥的。无论我们怎么优化这一过程，把它变成一场游戏或一场竞赛，仍避免不了反复地读、说与纠音。教学中，存在着学生接受能力的差异是很正常的，但我决不能让学生存在不想学的心理。在我的课堂中，我把枯燥的操练变成一场场竞赛，不仅使学生在不知不觉中熟练掌握了语言,而且培养了学生学好英语的自信心,增强了学习的兴趣。对于操练时缺乏自信的同学,我赞扬他敢于开口说的勇气,并通过用自己作比较,帮助他树立了学好英语的自信心。而对于那些骄傲自满的同学,我通过制造"障碍"来挫伤他们骄傲自满的情绪,让他们认识到知识的无穷性,端正了他们的学习态度,达到了不言而明的教育效果;同时也培养了他们尊敬他人、平等待人的思想情操。

"意外事故"二

事故情节:有一次,当我走进一个刚上完体育课的纪律松散的五年级班级的时候,看到了这样一个情景:教室里大部分同学拿着书本作扇子不停地扇动着,有几个同学围成一堆挥舞着小扑克,正战得难分难解,看到我来了,才恋恋不舍地停了下来,我等同学们都坐端正以后才站到讲台前,给每个小组加了颗"红五角星"后又全部擦掉。这时,全班同学都神色紧张,等待我的严厉批评。可是我却微笑了一下,说:"同学们,看到你们牌场上那股争强好胜的精神,我很感动。我也很喜欢玩扑克牌,那么好,我现在想和你们来研究扑克牌,可以吗?"面对学生们略为放松又感到诧异的神情,我接着说:"我们知道一副牌有 54 张,4 种花色及 J、Q、K 等人物形象。那你们知道 4 种花色的英文名称是什么吗? J、Q、K各是什么字的简写呢? 它们各代表什么人物呢?"他们的脸上产生了热切求知的表情,这时我就简单介绍了扑克的由来、4 种花色的英文名称、J、Q、K 的英文全名及其所代表的人物等知识。学生加深了对我知识渊博,语言风趣的良好印象,也对我增加了几分佩服。此时,我感到教育的时机已到,便说:"大家想想,一副小小的扑克牌就蕴藏着这么多的英文知识,可见,学好英语在任何地方都有用武之地,那么你们是否愿意和我一起到英语知识的海洋里去争强好胜呢?"回答我的是一片热烈的掌声。最后,我说:"Please take off you fans and cards. Then take out your English books. Let's begin our English class,OK?"接下来,我们的英语课终于开始了。

现象分析:这个"意外事故"反映了我们英语课堂中普遍存在的课堂纪律问题。玩扑克牌等卡片游戏是学生中最为流行的游戏,尤其在小学。在班风松散的班级,在特殊的情况下,小学生很随意就把扑克游戏带到课堂上来了,面对这种情况,如果老师采取强制停止或没收扑克牌的办法来解决这种纪律问题的话,就会产生不良的效果:不但无法让学生真正信服你,反而拉开了师生之间的距离,树立了老师在学生心目中的强权的形象,形成课堂上师生之间压迫与被压迫的不平等关系;学生无法接受老师的观点,进一步对英语产生敬而远之的态度;不仅无法培养学生学习英语的兴趣,而且狠狠地挫伤了他们的积极性,为学生以后的英语学习划上了一道永不磨灭的伤痕,因为英语老师在某种意义上就代表了英语的某些特征,英语老师不能产生对学生的亲和力,就会给学生留下"英语就像英语老师那样没意思"的印象。我采取了与学生保持一致的立场和先扬后抑的方式,先表扬他们争强好胜的精神,接着用幽默的语言和渊博的知识来打动和征服他们。不但树立了老师的良好形象,产生了对学生的亲和力,形成了课堂上师生地位平等的关系和轻松和谐的课堂氛围;而且满足了学生的求知欲望并培养了学生对英语的浓厚兴趣。我感觉我很好地达到了教育教学的目的。

案例反思

"意外事故"一:

1.《课程标准》强调小学英语教学应建立能激励学生学习兴趣和自主学习能力发展的评价体系。因此,将竞赛贯穿在教学过程中,对学生的表现进行适时的评价是《课程标准》的思想在小学英语教学中的体现。《课程标准》把培养学生兴趣看作小学英语教学的第一要务。培养兴趣可以借助玩玩唱唱,但不等于玩玩唱唱。游戏等直观活动只能激发学生一时的外部兴趣,这种兴趣是短暂易逝的。而要培养学生持久的内部兴趣,主要靠学有所得而产生的成就感。这种成就感最好通过比较和竞赛的形式体现出来,学生才能保持浓厚的学习兴趣。因此,在我的教学中,相对于游戏来说,我更多地采用了竞赛的形式。把竞赛贯穿于整个教学过程中,让更多的学生尝试到竞赛所带来的成就感,让更多的学生保持持久的内部兴趣。

2. 我在处理这一事故时,虽然已经起到了较好的教学教育目的,但花费时间较多,不利于教学任务的完成,同时,教育言语要用大量的中文讲才能让学生听明白,大有变英语课为思想品德课之嫌。有损英语语言气氛的营造和让学生进行英语交流的自主习惯。而如果让这两种极端的学生进行课后教育的话,又不能起到这么好的教育教学效果。

"意外事故"二:

英语课堂上的纪律问题是我们小学英语老师普遍头痛的问题,英语老师不能像语文、数学老师那样只任教一个或两个班级,我们任教班级多,面对的学生也多,不可能像语文、数学老师那样了解学生,也不可能像班主任那样与某个班级的学生朝夕相处,因此,如何确保英语课堂上的良好纪律是我最想知道的问题。我个人认为:给自己不断充电,发挥自己最好的教学技能,使每一堂英语课都具有浓厚的趣味性来吸引学生,使学生对你的课产生兴趣,同时以地位平等的心态拉近与学生的距离,做到老师与学生之间是师生关系更是朋友关系,这是我最有体会的一点;当然确保英语课堂上的良好纪律离不开学校领导的重视和班主任老师的配合。

(陈宇彬)

知识技能双管齐下——村小里的英语课

案例背景

2005 年的麦收时节,空气中到处是焚烧秸秆的味道,我回到了阔别十余载的故乡,探访一所地处里下河腹地的处于撤并边缘的乡村小学。到达学校的时候,全体师生正在迎接镇上一学期一次的教学视导,老师和校长们都在忐忑不安地等待着"专家"们的检查和听课意见。这使我更容易地争取到了第二天随堂听课的机会,因为为了迎接视导,每个教师都精心准备了一节课。当天,下了整整一夜的大雨使乡间的空气恢复了清新、明净。第二天一早,我听到了一节英语公开课,这应该是村小第一次开英语课,由村小唯一的女教师、正规的中师毕业生杭老师执教。

案例描述

八点二十,三年级教室。上课铃响了,杭老师拎来录音机,插好插座,师生用英语问好。老师宣布今天是复习课,复习第四单元"Time",并用英语板书课题。

孩子们朗读课题后,老师拿出一个钟面,让大家用英文从 1 数到 12,然后让学生合作复习,要求是:可以用英文让对方说数字,也可以用数字让对方说英文,前后桌合作,也可以左右合作。孩子们开始执行老师的指令,教室里嗡嗡声四起,有个别孩子找不到合作者,老师就走过去帮他们安排。

合作复习完成后,老师稍作点评,打开了事先已装好的投影仪,让大家看投影片,练习说一说上面打出来的数字。

投影仪在平日里大概并不常用,孩子们在"开火车"时不时发出一些与练习无关的声音。

"老师,看不见!"(老式的投影仪确实不够明亮,加上投影片是老师

手写的,窗户上又没有挂窗帘,坐在后排的我很吃力地才看清了上面的投影内容)

"老师,上面有苍蝇!"(不知是因为投影仪照射的热量引来了苍蝇,还是乡间的卫生状况所致,整个口语练习期间,两三只苍蝇一直趴在投影仪上不走,孩子们的注意力几度被其吸引,老师则两次停顿,希望同学们不再关注与学习无关的东西)

下一个环节,老师继续加大难度,提出这样的问题:"现在是几点钟?应该怎么表达?"

师生开始看着刚才的钟面进行对话:

What's the time,please?

It's _____ .

在这一环节中大家的精神状态不错,老师数次表扬"Very good!",然后要求学生一边听录音,一边在白纸上用钟面画出录音中所指的时间。录音一共有六道题,孩子们静静地听着、画着,在老师的指挥下相互交换着批改,并订正。有两个男生不肯交换批改,老师过来安慰了一番,才顺利进行下去。老师要求大家集中精力,并指导大家给对方打分,然后让得到100分的同学站起来,全体鼓掌以示表扬。有一个学生动作比较慢,没能在规定时间内完成,老师这样鼓励他:××同学很认真,还想再做得好一些。然后对着全体同学说:这次没有得到100分不要紧,老师希望你们下次加油。

关于时间的英文表达环节告一段落,老师稍作小结,立刻转入下一环节:It's o'clock.

第一个问题:在这些时间里我们都做什么?还有哪些词组表示我做什么事?

早上—get up　　中午—　　下午—　　晚上—

孩子们纷纷发言,说出了 go home,watch TV,go to school,go to

bed,have lunch 等词组。

第二个问题:表示干什么事的时间该怎么说? 还可以怎么说?

It's time to get up.

It's time to go to school.

在同学们回答的基础上,老师总结出两种表达方式,板书在黑板上,并用红笔以示突出:It's time to…/Time to…

第三个问题:怎么用你说我答(前后桌或左右桌)的方式表达这些语句?

学生再次合作,一段时间后,老师看表,击掌示意停下,选一组同学上台表演,这对男女组合中的女生显得比较吃力,在老师的帮助下终于顺利完成。老师号召大家为他们的成功配合鼓掌。

第二组全是女生,比较流利。表演期间,有些孩子还在练习,尤其是靠近北门的一对男女生组合,看上去很调皮、很活跃。

第四个问题:在一段时间里提议干什么,该怎么说?

老师见同学们反应不过来,便提醒大家——"上学期学过的Let's…",并在黑板上板书,然后继续提问:现在是晚上七点钟,我提议干什么,该怎么说? 如果同意,该怎么回答? (学生的回答略)

相对密集的复习完成后,老师让学生翻开课文读书,然后合上书,听录音,背课文。集体背诵后,老师点一些学生背书,每一幅图点一个人。课文中的图中的"同桌"对话部分,老师则请同学分角色上台表演。上台的两个同学表现得还不错,老师对他们进行了鼓励,并要求再加一点儿看钟的动作进去。

此时,一节课的时间已经过去大半,学生们开始显露出倦容。老师则提出了一个比较难的要求:能不能自己编一个对话? 孩子们齐声大叫"能",便开始在纸上尝试编写。老师在行间走动着进行指导,并提出:两个句子就可以了,能写出四个则更好。有个孩子天真地问:"一个呢?"老师笑答："对话的要求,至少得两个吧。"

了解了大家的进度,老师开始邀请学生上台用英语对话,已编好对话的学生不断回头偷看我,一位男生则大声检举后排的女生抄书上的对话。

这段表演,台上的很投入,台下的则不够认真,特别是后排靠近门的那两个调皮的孩子基本上没有听。老师走过来摸了摸男生的脸,问道:"×××同学编得不好吗?"这个调皮鬼说不出来,不过,他爽快地表示:"我错了。"老师则这样鼓励道:"孔××同学知道自己错了,真可爱!"学生中也有表现得相当不错的,前排的一位女生看完后指出:应该加一句——All right! 老师大加赞赏,表扬她听得认真。

下课铃响了,老师小结全课,布置了下节课的复习任务,孩子们则在"Boys and girls,goodbye!"声中纷纷拥出教室。

案例反思

杭老师上的是一节复习课,课堂容量很大,涉及数量、时间、事件等多种相关的英文表达方式,有些内容有很大的难度。从教学设计看,这节课做到了由浅入深、层层推进,教学手段也比较丰富,进行了各种形式的口语和听力训练,还多次组织班上同学进行两两合作、上台表演等,课堂气氛一直比较活跃。更难能可贵的是,她面对学生学习过程中的困难、走神等现象,采取了温和、鼓励的态度,对调皮孩子的"组织教学"手段,有一种自然而然的亲切,而非表演。虽然整节课教师教学用语的英语比例达不到城里专业教师的水准,但孩子们确实掌握了规定的知识、技能,应该可以说这是有效的英语教学。

(江苏省东台市溱东镇中心小学　杭云芳;
上海市浦东教育发展研究院　王丽琴)

第四章　奇幻科学

小学科学课程的性质和目标

　　小学科学课程是以培养科学素养为宗旨的科学启蒙课程。科学素养的形成是长期的,早期的科学教育将对一个人科学素养的形成具有决定性的作用。承担科学启蒙任务的这门课程,将细心呵护儿童与生俱来的好奇心,培养他们对科学的兴趣和求知欲,引领他们学习与周围世界有关的科学知识,帮助他们体验科学活动的过程和方法,使他们了解科学、技术与社会的关系,乐于与人合作,与环境和谐相处,为后继的科学学习、为其他学科的学习、为终身学习和全面发展打下基础。学习这门课程,有利于小学生形成科学的认知方式和科学的自然观,并将丰富他们的童年生活,发展他们的个性,开发他们的创造潜能。

　　《课程标准》中把总目标定为:通过科学课程的学习,知道与周围常见事物有关的浅显的科学知识,并能应用于日常生活,逐渐养成科学的行为习惯和生活习惯;了解科学探究的过程和方法,尝试应用于科学探究活动,逐步学会科学地看问题、想问题;保持和发展对周围世界的好奇心与求知欲,形成大胆想象、尊重证据、敢于创新的科学态度和爱科学、爱家乡、爱祖国的情感;亲近自然、欣赏自然、珍爱生命,积极参与资源和环境的保护,关心科技的新发展。

　　分目标把小学分为一个学段,即 3～6 年级,按照科学探究、情感态度与价值观、科学知识三个层面解释。

　　(一)科学探究

　　1. 知道科学探究涉及的主要活动,理解科学探究的基本特征。

2. 能通过对身边自然事物的观察,发现和提出问题。

3. 能运用已有知识作出自己对问题的假想答案。

4. 能根据假想答案,制订简单的科学探究活动计划。

5. 能通过观察、实验、制作等活动进行探究。

6. 会查阅、整理从书刊及其他途径获得的科学资料。

7. 能在已有知识、经验和现有信息的基础上,通过简单的思维加工,作出自己的解释或结论,并知道这个结果应该是可以重复验证的。

8. 能用自己擅长的方式表达探究结果,进行交流,并参与评议,知道对别人研究的结论提出质疑也是科学探究的一部分。

(二)情感态度与价值观

1. 保持与发展想要了解世界、喜欢尝试新的经验、乐于探究与发现周围事物奥秘的欲望。

2. 珍爱并善待周围环境中的自然事物,初步形成人与自然和谐相处的意识。

3. 知道科学已经能解释世界上的许多奥秘,但还有许多领域等待我们去探索,科学不迷信权威。

4. 形成用科学提高生活质量的意识,愿意参与和科学有关的社会问题的讨论与活动。

5. 在科学学习中能注重事实,克服困难,善始善终,尊重他人意见,敢于提出不同见解,乐于合作与交流。

6. 意识到科学技术对人类与社会的发展既有促进作用,也有消极影响。

(三)科学知识

1. 学习生命世界、物质世界、地球与宇宙三大领域中浅显的、与日常生活密切相关的知识与研究方法。并能尝试用于解决身边的实际问题。

2. 通过对物质世界有关知识的学习,了解物质的常见性质、用途和变化,对物体的运动、力和简单机械,以及能量的不同表现形式具有感性认识。

3. 通过对生命科学有关知识的学习,了解生命世界的轮廓,形成一些对生命活动和生命现象的基本认识,对人体和健康形成初步的认识。

4. 通过对地球与宇宙有关知识的学习,了解地球、太阳系的概况及运动变化的一般规律,认识人类与地球环境的相互作用,懂得地球是人类唯一家园的道理。

因势利导——"蜗牛"变"放大镜"

案例背景

小学科学重在培养孩子们的科学学习兴趣。一节高效完美的科学课不在于是否完成本节课的教学目标,而在于教师是否真正地关注孩子们的学习状态。本案例中,作者在教学《蜗牛》一课中,充分地关注到孩子的兴趣点,因势利导,引发了更深层次的教学——放大镜。

案例描述

小学科学三年级上册《蜗牛》是一节观察课,通过对蜗牛的观察来描述蜗牛的特点。在执教这节课时,当探究到利用放大镜来观察蜗牛这一环节,同学们都异常兴奋。我原本以为观察的活动会推向高潮,然而,当我把放大镜依次分发到每一个同学的手中时,有个学生站起来说:"老师,你在我的放大镜里是倒着的!"就是这么一句话,真好像是一石激起千层浪,教室里炸开锅一般,同学们都不再观察蜗牛,而是都拿着放大镜看着我。我说:"孩子们,是不是所有同学的放大镜里的老师都是倒着的啊?"于是,我站在了第一排前面,坐得离我较远的孩子们说"是",而坐得离我较近的孩子说:"老师,你在我放大镜里很模糊。""老师,你在放大镜里是正着的!""老师,我在放大镜里只能看到你一部分身体。"……

此时,同学们的兴趣都集中在放大镜上,我借机抛出了一个问题:"同学们,老师在你们的放大镜里出现了不同的像。这和什么因素有关呢?"学生纷纷举起小手,"和放大镜有关。""你和我们的距离有关。""你和放大镜的距离有关。""眼睛和放大镜的距离有关。"……同学们各抒己见,众说纷纭。我因势利导,请同学们以小组为单位,研究放大镜下的像与什么因素有关?……一节课就这样过去了。以下是我在教学中的两个教学片段,让我记忆尤为深刻。

片段一

师：现在请同学们以小组为单位，仔细研究放大镜由几部分构成，分别有什么特点？

生：研究放大镜。（约2分钟后）

师：哪个小组来汇报一下你们的研究成果？

生1：放大镜由两部分组成，分别是镜架和镜片。

生2：镜片是圆形的。

生3：镜架是黑色的。

生4：我发现了镜片中间厚，边缘薄。

生5：镜片比较光滑。

……

师：同学们都说得非常好，我们要真正地了解一个物体的属性，应该首先充分研究它的结构特点。现在请小组内选择一个感兴趣的问题进行研究。

学生讨论并实验。（约5分钟后）

师：谁来汇报你们研究的问题，得出了什么结论？

生1：我们小组研究的问题是"物体离放大镜的距离远近是否影响成像"。

师：结果怎么样呢？

生1：结果我们发现，物体离放大镜近些，看到的像是正的，远了就是倒着的。

师：这说明什么？

生1：说明放大镜成像与物体到放大镜的距离有关。

师：你们小组的研究非常棒，研究出一个到初中才学到的知识点。其他小组又有什么发现？

生2：我们小组研究的是眼睛离放大镜的距离是否影响放大镜的成

像;结果发现,当观察近的物体时,眼睛离放大镜的距离不管是远还是近,看到的像都是正着的;但是当观察远的物体时,眼睛离放大镜近,看到的像是正着的,眼睛离放大镜远些时,看到的像就是倒着的。

师:老师不得不佩服你们小组的研究能力,你们小组运用了科学研究中常用的研究方法——控制变量法。这种方法,在我们今后的学习中经常都会用到。非常棒!

......

片段二

师:下面请同学们拿出放大镜,这节课我们继续观察蜗牛。

生:从实验材料中拿出放大镜。

师:看谁能在放大镜下发现蜗牛的更多秘密?

生:利用放大镜观察蜗牛。(约5分钟后)

师:谁发现了我们肉眼没有发现的秘密啊?

生1:我们小组发现了蜗牛有牙齿。

师:你们小组真认真。你们知道蜗牛的牙齿有多少颗吗?

生:应该有好几十颗吧!

师:据科学家们统计,一只蜗牛,它的牙齿大约有25600颗。还发现了什么吗?

生2:我们发现了蜗牛的头后一点有一个小孔,我想应该是它的耳朵吧!

师:你们小组真仔细,但是老师有个疑问,你怎么知道那个孔是它的耳朵呢?

生:一般耳朵都在头的后面一点。

师:科学研究不能凭着我们的感觉,要有依据哦!有什么办法来证明这个孔是不是蜗牛的耳朵呢?

生3:在蜗牛吃东西的时候,我们敲东西,看它有没有反应。

生 4:在蜗牛行走的时候,我们拍手,看它有没有反应。

……

师:请同学们用自己的方法试试看。

学生实验。(约 3 分钟)

师:发现了什么?

生 1:我们敲东西,它没有异常动作。

生 2:我们拍手,它也没有反应。

师:这说明什么?

生:蜗牛好像没有耳朵。

师:你们真厉害,又发现了一个蜗牛的秘密,蜗牛确实没有耳朵。那这个孔究竟是什么呢?请同学们回家查查资料,下节课来告诉老师。

师:你们在放大镜下还发现了什么?

生 5:在挨着壳的地方还有两个小孔。

师:这两个小孔又是蜗牛的什么呢?

生:可能是它的肛门吧!

师:既然同学们不是很肯定,那今天放学后同学们回家查查资料,看看这三个孔分别是蜗牛的什么器官!

案例反思

总的来看,本节课因为课堂出现的"小插曲"而脱离了本课的教学目标,执教者用了大半节课的时间让学生去研究放大镜成像问题。

出现这种状况原因在于课前没有认真去分析学情和了解学生的最近发展区。放大镜对于三年级的孩子是一个新物体,蜗牛和放大镜进行对比,不同之处在于一个是被观察物体,一个是观察工具;然而这时的孩子们对于观察蜗牛的兴趣不再浓厚,而是急切地想去了解一个他们认为未知物体(放大镜)的属性。这恰好说明了使用一种工具之前我们应该先让学生了解这种工具的属性,才能更好地利用工具研究其他物体。课堂生成、教师对学生问题的理解尊重、合理引导是教学机智的一种体现，更是一种实事求是的科学态度。

在本节课上，我利用了比较多的时间，让孩子们认识了放大镜中间厚边缘薄的特点、影响放大镜成像的正反因素以及如何正确使用放大镜等内容。虽然感觉本节课没有很好地完成教学任务，达到教学目标，但是在第二节课继续使用放大镜研究蜗牛时，同学们都能仔细专注地观察蜗牛，较为圆满地完成了教学任务。在以后的几个班级的教学中我及时地调整了教学方式，先让学生了解放大镜的属性，再对蜗牛进行观察研究，将观察蜗牛这节课推向了高潮。

（北师大惠州附小　史进刚）

请尊重学生的实验成果

案例背景

如果说人世间有一种心灵的天平,那就是尊重。在传统的认识中,尊重往往是对上的,如尊老爱幼,尊师爱生。孩子是在受保护受教育之列,而往往不是在受尊重的范围内。以往孩子要求得到承认和尊重的呼声很弱。但现代社会发展到今天,道德的关系体现了平等,没有尊重就没有平等,孩子尽管依附于师长,但也有被人尊重的需要,一旦需要得到满足,就会有力量,就会前进,就能发展。从教育学讲,尊重也是教育的重要原则。尊重教育从一提出,就以独立的魅力紧紧地抓住了人心,尊重学生在道理上老师们都会认同,可在教育实践中真正做到却很难。无论是行为习惯,还是思维形式,都像一条条看不见的绳索束缚着他们。大多数的教师是爱学生的,可是爱并不等于尊重。

案例描述

去年的那堂公开课给了我一个深切的体会。去年我们学校要求我上了一堂公开课,我选择了"滑轮"这一课。定滑轮的学习是一个很简单的实验,先用弹簧秤直接拉钩码,读出此时弹簧秤的数据,再经过往不同方向拉钩码的实验,读出弹簧秤的数据,通过对实验数据的对比分析,最后得出结论:使用定滑轮不能省力,但是可以改变力的方向。

课堂上当学生说完实验方案后,我就请学生动手做实验,好几个组很快得出了"使用定滑轮不能省力,但是可以改变用力的方向"的结论,我心里暗暗为课堂教学的顺利进行而高兴。很快地实验结束了,在接下来的汇报中,却出现了意外,有个组提出了"使用定滑轮可以省力"的结论,别的小组的同学都开始议论起来。我叫他们上讲台把实验展示了一下,结果弹簧秤的数字真的比原来的要小。这种实验记录根本不是我预先设想的,因为我需要的实验数据不应该出现这种情况,于是我赶紧下了一个结论:从数据上看你们这组的实验是失败的。

在否定了学生的实验成果后,为了完成教学计划,我立即肯定了其他小组的实验结果是正确的,还投影出事先准备好的我演示实验的数据,并暗自庆幸自己课前早有准备。这节课上完以后,我自我感觉良好,因为从学生的学习效果来看,学生学习热情都很高,全班所有学生都投入到了学习活动中,都动手做了实验,在实验中认真观察实验现象,都有新的发现,都能提出一定质量的问题,学生发言积极,都能围绕学习内容进行思考,表现出发现的兴奋和成功的喜悦,这在一定程度上给了我满足感。

可是学校领导一针见血地指出了我在教学过程中存在的问题:为了达成教学内容,否定了学生的实验成果,绕过学生的实验成果抛出自己理想化的数据,这种做法容易使学生产生挫败感。同时他们还指出:在新课程理念下教师不但要激励学生动手,更应该激励和引导他们去动脑。即使学生实验失败,也要引导他们通过动脑后明白,自己的失败是有意义的,从而激发学生不断地去探索。

晚上回到家,在对教案进行修改的时候,我细细回想自己对这节课的定位,又想到自己在教学中为了完成教学任务所使用的伎俩,越来越觉得不是滋味。为了能真切地了解当自己的答案被老师一下子否定时学生内心的想法,我在学生中做了一个调查:当实验结束以后,老师指出你的实验结果是错误的,你的心里会有哪些想法?当我拿到学生交上来的问卷以后,我才意识到问题的严重性,"我们这组真糟糕,老是出错!""我们真笨!""真没劲,又错了。""我觉得自己没有错啊,实验步骤又没出问题.结论就是这样啊?不明白!"这些语句使我的心里充满了内疚,我犯了一个极大的错误,我否定的不仅仅是这个问题的答案。

课堂应该是允许学生出错的场所,教师不应该急于评判、急于给一个标准答案;教师要做的是给学生一个成功的机会,给学生充分思考的时间。学生的错误是重要的资源,一些看似错误的回答也可能蕴藏着创新的火花。

教师直接告诉答案最多只能是传授知识。因此,我们不能直接否定学生的答案,就算明知道是错误的,我们也应该把纠错的权利还给学生,留给学生时间和余地去寻找自己解决问题的方法。这虽然不是轻易就能获得的教学行为,但朝着这一行为努力,很可能会产生更好的教学结果。这样能让学生在纠错的过程中不但获得知识、技能的生成,也能满足学生想成为探索者的强烈需要。

在后来的课上,我再次叫那天被我当场否定的小组回答问题,可是小组的同学都互相推让,不愿意当汇报员。我问谁是管理员,一个小女孩站起来。我问她为什么不汇报,她怯生生地回答:我怕说错,他们又要赖我。回想自己以往的课堂教学,一直在乎的是"对不对"、标准答案,一旦学生发生错误时常会用否定式的语气镇压,比如"是吗?""可能吗?"没等弄清楚原因就把错误镇压下去了,很少珍视孩子的情感需要。这样使孩子的情绪受到了伤害,而我们却很少察觉。

案例反思

让每一个站起来发言的学生都能体面地坐下,这也应该作为一个课堂教学的关注点受到老师们的重视。教师给学生最珍贵的,人生无以代替的就是自信心和自尊心。教学过程应当是帮助学生不断赢得自尊、积累自信的过程。相比较,虽然有时我们的科学课堂少了冷落,少了呵斥,但我们作为老师是否在不经意间拒绝、否定了属于学生自己的一些东西呢?

(佚名)

实验因改变而精彩——《哪杯水多》

案例背景

本课在用感觉器官观察、认识水的基本特征的基础上,进一步以"水"为载体指导学生学习使用量筒,探究比较液体多少的方法,从而意识到借助仪器观察比用感觉器官判断更准确。

案例描述

如果不做实验,讲完这课也是很容易的。但是我想了下,那样讲课还不如不讲,要做就要做好,让学生自己动手做,观察现象,不仅能激发学生学这门课的兴趣,还可以拓展想象力。同时我还发现三年级的孩子淳朴可爱,活泼好动,对什么都充满了好奇。我经常会在放学的路上碰到学生问我:"老师,我们下节课上什么? 带什么材料?"他们都喜欢上科学课,我想这与每个学生都能够动手参与做实验,经历探究的过程是分不开的。

为了不辜负孩子们的期望,为了上好《哪杯水多》这节课,备课时我参考了很多名师的教学设计,学习他们的精华之处,但是由于所在学校条件有限,我就改变了实验材料,让学生自己准备杯子。我提前一天布置学生每人带一个杯子,纸杯、塑料杯、玻璃杯都可以,上课前将杯子里装上适量的水,不超过半杯。这下好了,各种各样的杯子应有尽有,五花八门:大大的可乐杯、高高的玻璃杯、花花绿绿的塑料杯、还有各种漂亮花色的纸杯,当然纸杯中有一些是相同型号的。由于材料的改变,我也为这节课的效果有些担心……

还没有开始上课,有的学生就问:老师,让我们准备这么多水干什么,是不是要比较水的多少? 我笑而不答,让他们去猜。一上课,我便开门见山地说:"同学们,大家面前都有一杯水,谁杯子里的水最多呢? 你能想办法比较出来吗?"话音刚落,学生们便积极地行动起来。我好像没事先生一样来回于各个小组之间,观察他们的做法与比较的方法,倾听他们的讨论与交流,随时融人他们的活动中。在此期间,各小组很快就进入状态,一个小组的学生很聪明地给每个杯子编号,如果两个杯子一样大,看是否杯子中的水也一样多,再比较不一样大小的杯子,哪个中的水多,等等。

学生的谈话和比较的方法令我震惊:他们已经找到了比较哪杯水多的方法,不仅相同的杯子可以比较,不同的杯子在水的高度差不多时也可以比较。亲身经历的感受是最难忘、最深刻的,这要比我直接去教给他们比较的方法好十倍百倍,更要比用三个特定形状的杯子来比较要好得多。孩子的能力不可估量!

还有一个小组,四个人拿了五个杯子,有一个同学拿了两个同样的杯子,而盛水的四个杯子都不相同。我们来看看他们是怎么比较的,其中一个学生说:"这可怎么比呀?"一个平时不怎么爱说话的学生说:"肯定能比出来,别着急,再想想!"忽然,他看到了多余的杯子,眼睛一亮,"我有办法了! 我们可以把这四个杯子的水都倒进这个杯子里来比!"他边说边指边比画。这个小组的其他学生开始动手做了,但他们很小心,因为他们知道,倒的时候如果弄洒了,结果就不准了! 同学们也观察得很仔细,一会儿就比较出四杯水中哪杯水多,他们都高兴地举起了手。看着他们这么积极、用心,我感到很高兴。

集体的智慧是无穷的,表面看起来不好解决的问题,就这样被他们愉快地找到了答案:把不同杯子里的水都倒进一个杯子里进行比较,自然就很容易地比较出水的多少。这些方法,都是学生根据已有的知识经验,集中小组全体同学的智慧而发现的,这要比我们为学生准备整齐划一的材料去研究要生动得多。

案例反思

这节课的教学,远远超过我的设想,甚至有事半功倍的效果。科学课堂应该贴近孩子的生活,发现学生身边的科学,挖掘我们身边的课程资源,利用现有的材料、条件,去生成一个真实的科学课堂,而不是刻意地去创设一个实验探究情境,让学生在限定的范围内研究、思考。科学是一个开放的大课堂,我们身边处处有科学,要从小教会孩子运用智慧的眼睛去发现身边的科学,用聪明的大脑去思考深奥的科学问题,用灵巧的双手去探索有趣的科学知识。

完全相同的探究材料,对学生的探究未必就是好事,它可能禁锢学生的思维,限制学生的创造,如果让学生自己去准备一些可能的材料,对他们的研究也许会锦上添花,从而收到意想不到的效果。现在的科学教材,为我们提供了很大的教学空间。我们要充分挖掘身边的课程资源,灵活运用,真正领会教材的设计意图,打破教材的局限性,克服教学材料的不足,创造性地处理教材,把每一课的精彩都把握在自己手中。

(佚名)

第五章　信息技术

小学信息技术课程的性质与目标

中小学信息技术课程的主要任务是：培养学生对信息技术的兴趣和意识，让学生了解和掌握信息技术基本知识和技能，了解信息技术的发展及其应用对人类日常生活和科学技术的深刻影响。通过信息技术课程使学生具有获取信息、传输信息、处理信息和应用信息的能力，教育学生正确认识和理解与信息技术相关的文化、伦理和社会等问题，负责任地使用信息技术；培养学生良好的信息素养，把信息技术作为支持终身学习和合作学习的手段，为适应信息社会的学习、工作和生活打下必要的基础。

信息技术课程的设置要考虑学生心智发展水平和不同年龄阶段的知识经验和情感需求。小学、初中和高中阶段的教学内容安排要有各自明确的目标，要体现出各阶段的侧重点，要注意培养学生利用信息技术对其他课程进行学习和探究的能力。努力创造条件，积极利用信息技术开展各类学科教学，注重培养学生的创新精神和实践能力。

小学阶段 3～6 年级学习信息技术课程，它的教学目标是：

1. 了解信息技术的应用环境及信息的一些表现形式。

2. 建立对计算机的感性认识，了解信息技术在日常生活中的应用，培养学生学习、使用计算机的兴趣和意识。

3. 能够通过与他人合作的方式学习和使用信息技术，学会使用与学生认识水平相符的多媒体资源进行学习。

4. 初步学会使用网络获取信息、与他人沟通；能够有意识地利用网络资源进行学习、发展个人的爱好和兴趣。

5. 知道应负责任地使用信息技术系统及软件,养成良好的计算机使用习惯和责任意识。

6. 在条件具备的情况下,初步了解计算机程序设计的一些简单知识。

主动参与，实践创新——《规则的图形》

案例背景

本案例选自人教版第一册《规则的图形》。信息技术教学应以信息社会的不断改革创新为基础，启发学生的创新思维，建立创新意识。因此，教师必须在充分了解学生现有认知水平、认知能力的基础上，进行教学的拓展和延伸。在教学中，注重学生的实践作用，让学生在动手实践中，在自主探索中，在合作交流中去思考、去质疑、去辨析、去释疑，直至豁然开朗，使学生的主体性、能动性、独立性不断发扬、发展、提升。

案例描述

《规则的图形》一课，是以 Windows 画图中的画矩形、画椭圆为中心的实践操作课。本节课主要是学会矩形、椭圆的使用方法以及培养学生挖掘内容深处的能力，目的是关注每个学生的探索、审美等综合能力的发展。我是这样设计进行的：

一、创设情境，激发兴趣

课件演示：出示电脑绘制的"我的学校"图片。

师：同学们，从屏幕上你知道了什么？

生1：这张图很美。

生2：大门和楼梯画得很形象。

生3：还有一个个的窗户看上去很明亮。

师：同学们都说得很好。老师相信，通过画图软件，你们也可以画出这么漂亮的图画。

二、动手实践，自主探索，合作交流

师：请学习小组的同学们共同合作，绘制我们的学校。比一比，哪一小组的画法最有效？

（学习小组纷纷行动起来,有的读着书上的步骤,有的动起鼠标,气氛积极浓厚）

师:哪一个学习小组先来说一说你们是怎样想的、怎么做的?

生1:我觉得窗户的形状是矩形,所以我选择矩形绘制了这么多个窗户。

生2:我用椭圆画了屋顶,然后把下方的边擦除了。

生3:我画的窗户是蓝色的。

师:告诉大家,你的蓝色窗户是怎么画的呢?

生3:我是这样画的:我按下鼠标左键,拖动鼠标就画了一个矩形,接着填上颜色。

师:你的方法不错。谁还有别的方法愿意给大家演示一下?

（一位学生在教师机上演示）

师:同学们看明白了吗?

生1:原来选择第二种矩形就有颜色了。

生2:我发现了,第一种是没有颜色的矩形框,第二种是有颜色的。难怪我刚才画的窗户没有颜色呢!

生3:我还知道,画椭圆时如果选择第二种就可以有颜色了,我要给我的屋顶涂青色。

师:同学们,你们会发现、会实践,这样做很好。接下来,就请同学们赶快把各种图形拼在一起组成一幅完整的图画吧!相信动起你们的手,美丽的学校很快就会出现。

案例反思

1. 兴趣是通往学习的大门,是引导学生主动学习的关键,是学生学习的原动力,是开发智力的催化剂,能激发学生的创造性思维。由于小学生年龄小,好动性、好奇心强,往往坐不住,而对于单调的练习感到厌烦,经过充分考虑、分析学生学习的实际情况,我就适当地采用一些与单调的练习完全不同的方法来激发学生的学习兴趣。激趣要从学生身边的事物着眼。学生一旦对学习产生兴趣，就能变被动学习为主动学习，充分发挥其智力潜能和创新潜能。

2. 教学时，首先出示老师画的一幅校园风景，学生自由评价，由此引出矩形工具和椭圆工具，从而激发学生的求知欲。配合教材内容，通过实物描述让同学们自己去摸索绘画所需要的工具，从而使学生主动地去认识一些电脑绘画中的基本操作工具。找到了这些绘画的工具，学生就会很有兴趣地去尝试这些绘画工具与实际生活中的绘画工具有什么不同的地方。通过欣赏实物——我的学校，也让同学们有一种想用画笔画下这美丽学校的愿望。在作画的过程中也让学生先从最基本的开始，首先从最简单的线条开始，学生一步步地进入教学过程中，表现出了极大的兴趣。这样，学生就不会因为太多的困难而中途放弃。拼图、创新也是学生最感兴趣的地方，当学生学会了基本的绘画，拼图则是学生最感兴趣的了。教师通过步步引导来培养学生的学习兴趣，使学生在忘我的学习过程中不知不觉就把绘画的知识学到了手。

3. 采用"主动探究式"的学习形式，学生通过自学、互学、讨论的学习方式，变师生单向交流为同学之间的多向交流，让学生在智力上互相激荡，情感上互相感染，操作上互相合作，评价上互相检查。学生在使用矩形和椭圆中，自由发挥，使学生在自我开发潜能中，逐步掌握绘图工具的使用方法，探索自己的学校美景创作。学生自学后汇报学习成果，采取现场演示的方式，使学生有表现的机会。在学生主动探究的基础上，学以致用，在操作中引导学生学会用不同大小的矩形以及椭圆进行绘图，培养学生的绘图能力。通过自学、互学，学生掌握了矩形、椭圆工具的使用方法和操作中应注意的问题，培养了自己的自主探究能力和合作能力。通过课堂操作，提高了学生的绘图能力，培养了学生的审美情趣和创新精神。

（浙江省丽水市缙云县双川乡中心学校　陶益敏）

在游戏中学会思考——《幻灯片链接》

案例背景

本案例课题为《小小游戏设计师》。

不管哪个年龄段,学生上信息技术课总会找机会玩一玩电脑游戏,无论是传统的小游戏还是一些网络游戏,每一样都令他们沉迷。而事实上,的确有相当一部分的学生在现实中沉迷于游戏,荒废学业。绝大多数家长和教师往往很排斥学生玩游戏,认为游戏会影响学习,甚至到了"谈虎色变"的程度。那么,处在与电脑游戏接触"最前沿"的信息技术课堂,是否一定要对学生玩电脑游戏进行封杀呢?

与之矛盾的,在小学信息技术教学中,由于某些教学内容已为相当部分的学生事先进行过尝试,或者其内容本身相对单一等一系列因素,而造成课堂容量不足。学生容易在这样的学习过程中感觉到内容枯燥乏味,教师也觉得课堂调控相当困难。

而对于将游戏引入教学的尝试,不少人做过,但大多是一种奖励的形式,而不是将两者有机结合起来。只有做到二者有机地、系统地结合,才是我们真正需要的。能否在电脑游戏中选择和挖掘部分能为实现课程教学目标服务的内容,教师根据内容对其进行整合,加强引导和掌控,让学生在愉快的氛围中学会思考,提高信息素养?笔者从一次教学活动中听到了这样的优秀课例,引发关于将此二者有机结合的思考。

案例描述

1. 以游戏导入

教师用 PowerPoint 展示了一个关于绕迷宫的游戏,用鼠标完成,分低、中、高三级难度。规则是鼠标在移动过程中,不能碰到迷宫中的墙壁,否则出现游戏失败的画面。到达目的地后点击目标,游戏成功,直接转入更高一级游戏。

学生玩得特别开心,特别是有人很快通过最高级的游戏后,教室中传来他们一阵阵的欢呼声,而未完成的同学,急切地想赶紧通过这看似简单,却需要耐心的安静的小游戏。教师在学生们完成后,安慰了这群孩子:我们通过今天的学习,大家就能够自己设计这个游戏,也可以自由选择难度!

孩子们的兴致顿时给调动起来了!正在听课的我,也思考了一下今天的课题,才知道这游戏是如何设计的,不由赞叹老师教学方法的巧妙!游戏很简单,却和教学内容结合得如此紧密。

2. 旧知迁移,知识新授

教师首先讲述了游戏中需要用到的超级链接,并引导学生通过Word中的知识对超级链接进行再认识。然后,教师提供了与游戏相关的半成品的超级链接,教给学生链接到文档内部某页,将画面还给学生,学生很轻松地掌握了制作方法。这样,对于文件和网页的链接,都轻松解决了。最后是对动作按钮的设置,这个环节同样结合了游戏中的模块。

学生在这个模块中进行了探究,并在这样的自主学习过程中,学会了举一反三,融会贯通。

3. 拓展探究,设计游戏

对于游戏中的每个细节,教师带领学生逐一进行分析,让学生进行讨论,分小组进行探究,研究其设计方法,并进行汇报。老师问了很多的问题,如"你是怎么想的?""还可以怎么做?"在这样的引导下,多数学生很明确地知道了设计的要点。在接着进行的动手操作中,学生怀着极大的兴趣,完成了对于新知的巩固。随后,教师继续问道:"如何为游戏加大难度?"从而进一步激发学生思考,鼓励学生进行探索。通过学生自己的交流互动,很快出现了不少让人眼前一亮的创新。

在总结本课的时候，教师再回到游戏这个话题，鼓励学生多去观察，多去思考，而不是不加辨别地沉迷于其中。

本课的一开始，就让人耳目一新，竟然还有如此巧妙的设计！真的很担心，又是一个噱头，又是一个取宠于学生的游戏，但随着教师的引导，真的让人不由感受到教师设计的巧妙。原本本课的内容简单而枯燥，熟练的孩子可能也就几分钟就能完成，但也许下节课就忘得干干净净。在教师的引导下，孩子们带着目的、带着渴望学习了操作方法，并在这个过程中，不断地思考如何将它用到本课开始的那个游戏中去。在教师的启发下，孩子们自发地进行合作探究，开动脑筋，完成了一个又一个让人眼前一亮的作品，而这个作品，其实也就是所谓的"游戏"。

在这样的过程中，学生从一个被动接收知识的对象，成为一个设计者，成为一个在为设计自己作品而充分学习的小小工程师。在教师的主导下，学生学会了对游戏设计进行分解，学会了分析问题，解决问题。通过这样的教学设计，提高了学生思维的深度与广度，充分体现出学生的主体地位，使学生主动地参与到学习中来，真正地进行自主学习、协作学习。

案例反思

一、更新观念，充分理解信息技术课堂游戏的价值

对于电脑游戏，不少家长，甚至我们的信息技术教师都处于一种"谈虎色变"的状态中，这是和没有合理的引导，特别是没有相关成功的案例密切相关的。也正是由于这种表面的却是根深蒂固的观念遮挡了我们对游戏深入挖掘的视线，掩盖了游戏所可能承载的教育价值。

教育家皮亚杰说过，游戏是认识兴趣和情感兴趣之间的一个缓冲地带。孩子从小就是在各种各样的游戏中学习的，特别是孩子们在课堂中每次遇到新奇的游戏时那满是期待的目光，都值得我们去思考，我们的课堂中真的不能引入游戏吗？

通过本案例，我们可以看到，在小学信息技术课堂上，游戏具有重要的作用与价值：一方面，游戏作为深受小学生喜爱的活动形式，可以调节学生注意力的分配，保证课堂学习的效率，培养学生对信息技术知识的直接兴趣；另一方面，信息技术课堂学习离不开实际操作，游戏能创造出真实多变的教学环境，教师将教学内容结合游戏内容或以直接完成游戏目标为教学主线，会使课堂教学活泼有趣，调动起学生的学习积极性。

可以说，只要合理运用，游戏是一个好帮手，有利于师生创建教学和谐的课堂氛围，会拉近师生、生生之间的距离，搭起沟通的桥梁，促使课堂教学生动而高效。

二、信息技术课堂中引入电脑游戏，是对教师的一个挑战，需要教师的精心设计

将游戏引入信息技术课堂，会激起大量的课堂生成，但同时也应注意，高效的课堂离不开教师的合理设计与调控。学生争先恐后地参加游戏，课堂游戏时出现漏洞、催促学生结束游戏的教学行为都容易引发课堂混乱或学生情绪波动，若教师无法调控，将造成难以收拾的局面。因此我们需要考虑如何合理地利用游戏，营造高效信息技术课堂，让游戏为课堂教学锦上添花。

以往将游戏引入课堂，常见的是一种简单的奖励方式，造成了学生对于游戏本身的期待远超过对于教学内容的学习，导致学生对于新知的学习欲望降低，同时课堂难以调控。而本案例中，教师通过精心的设计，从课堂起始就合理引导，巧妙地将游戏本身与教学内容融合在整个教学设计中，将学生兴趣激发至一个充分的程度，同时又引发学生积极的、合理的思考交流，将学生的注意力从游戏本身转至对学习内容的融会贯通，从而体现了游戏在这堂课中的内在价值。

这些与教师对于教材的驾驭能力都是分不开的，需要我们在平时有一双善于发现的眼睛，养成善于观察的习惯，这样在设计时才能驾轻就熟,才能轻松地调控课堂当中的生成,将预设与生成有机结合,让学生在一种轻松愉快的氛围中不断提高信息素养。

三、引入电脑游戏的目的是对教学内容的融会贯通,鼓励学生探索与创新

学生是教学的主体,学生是在老师的指导下自主学习的主体。引入电脑游戏的最终目的,在于培养学生独立思考、判断和选择的能力和实践动手等能力。

因此,将游戏引入信息技术学科课堂,不应仅仅局限于一种奖励,或者某个环节的简单引入,应该是一种贯穿于课堂始终的、纵贯全课的系统化的任务。信息技术学科任务驱动教学,强调课堂任务的模块化,而这种系统化的、全局的任务设计,才是任务驱动的精髓所在。将全课的内容融合在精心设计的游戏中,不仅可以激发学生的学习兴趣,也可以帮助学生轻松掌握所学的知识技术。更重要的,可在此基础上,通过教师的引导激励学生探索与创新。在探索过程中,学生的思维深度和广度均得到提升,小组合作也成为一种内发的举动。

鼓励学生探索与创新不是一句空话,需要教师的精心设计,需要将相关内容在课堂过程中做好预设,合理调控课堂节奏,进而激发学生的探索热情。

(王少峰)

第六章　陶情音乐

小学音乐课程的性质与目标

音乐是人类最古老、最具普遍性和感染力的艺术形式之一,是人类通过特定的音响结构实现思想和感情表现与交流的必不可少的重要形式,是人类精神生活的有机组成部分;作为人类文化的一种重要形态和载体,蕴涵着丰富的文化和历史内涵,以其独特的艺术魅力伴随人类历史的发展,满足人们的精神文化需求。对音乐的感悟、表现和创造,是人类基本素质和能力的一种反映。

音乐课是人文学科的一个重要领域,是实施美育的主要途径之一,是基础教育阶段的一门必修课。音乐课程的价值主要体现在以下几个方面:

1. 审美体验价值

音乐教育以审美为核心,主要作用于人的情感世界。音乐课的基本价值在于通过以聆听音乐、表现音乐和音乐创造活动为主的审美活动,使学生充分体验蕴涵于音乐音响形式中的美和丰富的情感,为音乐所表达的真善美理想境界所吸引、所陶醉,与之产生强烈的情感共鸣,使音乐艺术净化心灵、陶冶情操、启迪智慧、情智互补的作用和功能得到有效的发挥,以利于学生养成健康、高尚的审美情趣和积极乐观的生活态度,为其终身热爱音乐、热爱艺术、热爱生活打下良好的基础。

2. 创造性发展价值

创造是艺术乃至整个社会历史发展的根本动力,是艺术教育功能和价值的重要体现。音乐创造因其强烈而清晰的个性特征而充满魅力。在音乐课中,生动活泼的音乐欣赏、表现和创造活动,能够激活学生的表现欲望和创造冲动,在主动参与中展现他们的个性和创造才能,使他们的想象力和创造性思维得到充分发挥。

3. 社会交往价值

音乐在许多情况下是群体性的活动,如齐唱、齐奏、合唱、合奏、重唱、重奏以及歌舞表演等,这种相互配合的群体音乐活动,同时也是一种以音乐为纽带进行的人际交流,它有助于学生养成共同参与的群体意识和相互尊重的合作精神。成功的音乐教育不仅在学校的课堂上,而且也应在社会的大环境中进行,对社会音乐生活的关心,对班级、学校和社会音乐活动的积极参与,将使学生的群体意识、合作精神和实践能力等得到锻炼和发展。

4. 文化传承价值

音乐是人类文化传承的重要载体,是人类宝贵的文化遗产和智慧结晶。学生通过学习中国民族音乐,将会了解和热爱祖国的音乐文化,华夏民族音乐传播所产生的强大凝聚力,有助于培养学生的爱国主义情怀;学生通过学习世界上其他国家和民族的音乐文化,将会拓宽他们的审美视野,认识世界各民族音乐文化的丰富性和多样性,增进对不同文化的理解、尊重和热爱。

《课程标准》的阶段目标把小学分为两个学段,具体是从感受与鉴赏、表现、创造、音乐与相关文化四个学习领域加以描述。

感受与鉴赏

	标准	
音乐表现要素	1~2年级:感受自然界和生活中的各种声音。能够用自己的声音或打击乐器进行模仿。聆听歌声时能作出相应的情绪或体态反应。能听辨童声、女声和男声。感受乐器的声音。能听辨打击乐器的音色,能用打击乐器奏出强弱、长短不同的音。能够感受并描述音乐中力度、速度的变化。	3~6年级:对自然界和生活中的各种音响感到好奇和有趣,能够用自己的声音或乐器进行模仿。能随着熟悉的歌曲或乐曲哼唱,或在体态上作出反应。能听辨不同类型的女声和男声。知道常见的中国民族乐器和西洋乐器,并能听辨其音色。在感知音乐节奏和旋律的过程中,能够初步辨别节拍的不同,能够听辨旋律的高低、快慢、强弱。能感知音乐主题、乐句和段落的变化,并能够运用体态或线条、色彩作出相应的反应。

	标准	
音乐情绪与情感	1~2年级:体验不同情绪的音乐,能够自然流露出相应表情或作出体态反应。体验并说出音乐情绪的相同与不同。	3~6年级:听辨不同情绪的音乐,能用语言作简单描述。能够体验并简述音乐情绪的变化。
音乐体裁与形式	1~2年级:聆听儿歌、童谣、进行曲和舞曲,能够通过模唱、打击乐对所听音乐作出反应,能够随着进行曲、舞曲音乐走步、跳舞。能够区别独唱、独奏、齐唱、齐奏。	3~6年级:聆听少年儿童歌曲、颂歌、抒情歌曲、叙事歌曲、艺术歌曲、通俗歌曲等各种体裁和类别的歌曲,能够随着歌曲轻声哼唱或默唱。聆听不同体裁和类别的器乐曲,能够通过律动或打击乐对所听音乐作出反应。能够区别齐唱与合唱、齐奏与合奏。能够初步分辨小型的音乐体裁与形式,能够聆听音乐主题说出曲名,每学年2~4首。
音乐风格与流派	1~2年级:聆听不同国家、地区、民族的儿歌、童谣及小型器乐曲或乐曲片段,初步感受其不同的风格。	3~6年级:聆听中国民族民间音乐,知道一些有代表性的地区和民族的民歌、民间歌舞、民间器乐曲和戏曲、曲艺音乐等,了解其不同的风格。聆听世界各国民族民间音乐,感受一些国家和民族音乐的不同风格。

表 现

	标准	
演唱	1~2年级:参与各种演唱活动。知道演唱的正确姿势。能够对指挥动作及前奏作出反应。能够用自然的声音,按照节奏和曲调有表情地独唱或参与齐唱。能采用不同的力度、速度表现歌曲的情绪。每学年能够背唱歌曲4~6首。	3~6年级:乐于参与各种演唱活动。知道演唱的正确姿势及呼吸方法,并能在唱歌实践中逐步掌握和运用。能够对指挥动作及前奏作出恰当的反应。能够用自然的声音、准确的节奏和音调有表情地独唱或参与齐唱、合唱。能够对自己和他人的演唱作简单评价。每学年能够背唱歌曲4~6首。

		标准
演奏	1～2年级:学习常见的打击乐器。能够用打击乐器或其他音源合奏或为歌曲伴奏。	3～6年级:乐于参与各种演奏活动。学习课堂乐器的演奏方法,参与歌曲、乐曲的表现。能够选择适当的演奏方法表现乐曲的情绪,并对自己和他人的演奏进行简单评论。每学年能够演奏乐曲2～3首。
综合性艺术表演	1～2年级:能够参与综合性艺术表演活动。能够配合歌曲、乐曲用身体做动作。能够在律动、集体舞、音乐游戏、歌表演等活动中与他人合作。	3～6年级:能够主动地参与综合性艺术表演活动,并从中享有乐趣。在有情节的音乐表演活动中担当一个角色。能够对自己、他人的表演进行简单的评论。
识读乐谱	1～2年级:认识简单的节奏符号。能够用声音、语言、身体动作表现简单的节奏。能够用唱名模唱简单乐谱。	3～6年级:用已经学会的歌曲学唱乐谱。结合所学歌曲认识音名、音符、休止符及一些常用记号。能够识读简单乐谱。

创 造

		标准
探索音响与音乐	1～2年级:能够运用人声、乐器声模仿自然界或生活中的声音。能够用打击乐器或自寻音源探索声音的强弱、音色、长短和高低。	3～6年级:能够自制简易乐器。能够运用人声、乐器声及其他音源材料表现自然界或生活中的声音。
即兴创造	1～2年级:能够将成语、短句、诗歌或歌词用不同的节奏、速度、力度等加以表现。能够在唱歌或聆听音乐时即兴地做动作。能够用课堂乐器或其他音源即兴配合音乐故事和音乐游戏。	3～6年级:能够即兴创编同歌曲情绪一致的律动或舞蹈,并参与表演。能够以各种音源及不同的音乐表现形式,即兴创编音乐故事、音乐游戏并参与表演。

	标准
创作实践	1～2年级：能够运用线条、色块、图形，记录声音或音乐。能够运用人声、乐器或其他音源，创作1～2小节节奏或旋律。	3～6年级：能够创作2～4小节的节奏短句。能够创作2～4小节旋律。

音乐与相关文化

	标准	
音乐与相关生活	1～2年级：感受生活中的音乐，乐于与他人共同参与音乐活动。能够通过广播、电视、磁带、CD等传媒欣赏音乐。能够参加社区或乡村的音乐活动。	3～6年级：关注日常生活中的音乐。喜欢从广播、电视、磁带、CD等传播媒体中收集音乐材料，并经常聆听。主动参加社区或乡村音乐活动，并能同他人进行音乐交流。乐于听音乐会或观看当地民俗活动中的音乐表演。
音乐与姊妹艺术	1～2年级：能够用简单的形体动作配合音乐节奏。能够用简明的表演动作表现音乐情绪。能够用色彩或线条表现音乐的相同与不同。	3～6年级：接触与了解戏剧、舞蹈等艺术表演形式，认识音乐在其中的作用。能够结合所熟悉的影视片，简单描述音乐在其中的作用。
音乐与艺术之外的其他学科	1～2年级：能够了解音乐与日常生活现象及自然现象的联系。能够用简单的韵律操作配合不同节奏、节拍、情绪的音乐。	3～6年级：能够选用合适的背景音乐，为儿歌、童话故事或诗朗诵配乐。知道一些不同历史时期，不同地域和国家的代表儿童歌曲。

视、听、说、唱齐进音乐课堂

案例背景

传统的教学,往往把教材内容看得非常重要,总是根据教材的编排去设计和实施教学。《音乐新课标》提出:注重课程资源的开发和利用。在新课程的教学实施中,我们可以不再局限于教材上的内容,而是创造性地使用教材资源,对教材进行必要的补充、替换、调整、删减,使教学更加圆满、更有效率。开学初,正值春天,基于这样的实际情况,我特意选定了一首新教材的歌曲《春天举行音乐会》,我希望通过这节课的教学使学生感受到春天的美、音乐的美,让春天和音乐有机地融合,最终使音乐课堂充满绿色的生机和活力。

教学过程

(一)创设情景,感受春的气息

1. 欣赏动画歌曲《春天在哪里》,拍手律动进教室。

2. 师:春天来了,你能用一句话来描述春天的美景吗?

生:……

(二)仔细聆听,探索春天的音响

1. 师:的确,如同学们所说,春天是那样的美,到处是万紫千红,到处是花红柳绿,充满了勃勃的生机和活力。让我们静静地听一听,你听到了春天大自然的哪些声音?你能模仿一下吗?

生:……

2. 师生一起来模仿和探讨这些声音。

3. 师:春天来了,春风、春雨,还有很多的小动物都发出了美妙的声音,组成了一曲动听的交响乐。请听:(点击课件出示)师领读,生跟读。

春雨(唱歌呀)   滴答滴答

春风(弹琴呀)　　　沙沙沙沙

春雷(打鼓)　　　　轰隆隆隆隆

春水(鼓掌春水鼓掌)哗啦啦啦啦

(三)参与体验,学唱春天的歌曲

1. 拍手游戏

(1)师:春天的大自然发出了各种美妙的声音,春风、春雨、春雷、春水都从四面八方赶来了,都来参加春天举行的音乐会。让我们静静地听一听,这是怎样的一场音乐会呢?初听歌曲《春天举行音乐会》。

(2)师:这么有趣的音乐会,让我们用自己的双手来为她伴奏吧。同学们可以和老师一样拍,也可以不一样拍,但必须和着音乐的节拍。

(3)师:刚才有的同学这样拍,有的同学那样拍,非常神气。这一遍我请你和你的好朋友合作着拍,也要跟刚才一样和着音乐的节奏有强弱地拍。

2. 打击乐器为歌曲伴奏

要求碰铃第一乐句开始,双响筒第二乐句开始,舞板第三乐句开始,一直伴奏到歌曲结束。第一遍师唱生敲,第二遍跟钢琴和。

3. 学唱歌曲

(1)师:在同学们的伴奏声中,音乐会的旋律显得更美了,它的歌词也很有趣。请听老师来读一遍。范读歌词。

(2)师:想和老师一起读吗?师生和着伴奏音乐轻声有感情地朗读歌词。

(3)学生听琴默唱歌词,轻唱歌词,解决难点。

(4)轻声、有感情地演唱全曲。

(四)拓展欣赏名曲,感受春天的美丽

1. 师:同学们唱得多美啊!春天是一年四季中最充满生机的季节。音乐家创作了许多作品来赞美春天,表现春天的美好。老师也为大家带来了两首。这两首歌曲都是由世界名曲改编而成。先请同学们欣赏由中央电视台银河少儿合唱团的小朋友们演唱的《闲聊波尔卡》,说说它带给你怎样的感受?《闲聊波尔卡》歌词节选:你听,你听,唱歌的是夜莺;你看,你看,喧闹的是百灵;你听,你听,那鸽子的哨音;你看,你看,这孔雀正开屏。春天是开心的大本营,百花开,百鸟鸣。春天是快乐的好心情,云雀的歌儿像风铃……

2. 师:多么活泼欢快的歌曲啊! 让我们模仿画面上的小朋友一起来进行春天的舞蹈吧! 师生和着音乐一起律动。

3. 师:跳得真好! 就像是春天的音乐会。老师请同学们再来欣赏一首大朋友表演的春天。这是由我国著名音乐家杨洪基爷爷表演的《拉德斯基进行曲》改编过的报春曲。思考他表演的春天是怎样的?《拉德斯基进行曲》歌词节选:草绿了,花开了,天暖了;大雁飞来了,冰消了,雪化了;窗儿敞开了,心儿苏醒了,风筝飘呀飘起来了。蝴蝶跳起了舞蹈,蜜蜂唱起了歌谣,月亮累了,睡得长了,太阳出来得一天比一天早了……

生:……

4. 师:让我们和着音乐的强弱来拍手聆听,再一次感受春天的美好。

5. 师:同学们,今天我们走进了春天音乐会,感受了春天的美好。春天是开心的大本营,春天是快乐的好心情。让我们一起走进春天,热爱春天吧! 听音乐律动出教室。

案例评析

1. 补充——使资源应用更加丰富

本堂课以学生为主体,面向全体学生,注重人人参与。教学中紧紧围绕"春"为主题,以学生的兴趣为出发点,通过说说春天、模仿春天的声音来引导学生探索和体验大自然中的各种有趣的声音现象,并进行节奏的模仿,在探索活动中解决了歌曲第一乐段的节奏难点。再通过各种形式的以欣赏《春天举行音乐会》为主线的师生拍手游戏、生生拍手游戏、选择用不同的打击乐器为歌曲伴奏等生动有趣的教学活动,使学生在不知不觉中熟悉了歌曲旋律。初步学会歌曲后,让学生补充欣赏两首音乐作品《闲聊波尔卡》和《拉德斯基进行曲》。通过视、听、说、唱结合的活动,开拓了学生的音乐视野,使他们主动参与音乐欣赏,积极参与音乐体验,整个教学过程环环相扣,层层深入,循序渐进,始终以音乐为主线,满足了现代小学生的审美需求。

2. 替换、调整、删减——使教学更加有效

如在本课的设计之初,我就收集了大量关于春天的图片、诗歌、歌曲等。如《春之声圆舞曲》《春晓》《春雨沙沙》《春天在哪里》《春来了》……但是将这些素材都运用到课堂中是不现实的。在设计中,如何取舍成了一大难题。如本课的欣赏内容,教材上结合欣赏的有一首小提琴协奏曲《春》,这是一首非常好听的乐曲,但是对欣赏者提出了很高的要求,它要求学生在欣赏时画图形谱表示所听到的音乐,还要求画好每个乐段的色块等等,这对于初次接触新教材的学生来说是有难度的,不是听一遍两遍就能完成的。经过反复思考,我最终选择了教材之外的两首歌曲——《闲聊波尔卡》和《拉德斯基进行曲》作为欣赏内容。因为这两首歌曲学生愿意听,而且和歌曲搭配得也非常合理贴切,始终能围绕着春天的主题,演绎着春天的绿意。学生感觉更新鲜、更有趣。教学时学生的参与面更广,更能调动他们的情感和情绪。

在实践中,我感到"舍"要比"取"更难。一方面,收集这些素材花费了自己不少精力,舍弃甚觉可惜。另一方面,总想给学生更多的信息和更广的视野。因此,在教学设计时,我们常常会在内容的选择上犹豫不决。例如第一次试教时,我用了诗歌《春晓》。对于充满诗情画意的《春晓》,我自己情有独钟。但是三年级的学生并不是很感兴趣。他们似乎更喜欢可以互动的内容。因此,我下决心放弃花了不少时间收集的《春晓》,把这个时间留给了探索春天大自然音响这块内容上。

总之,每一次的教学实践都给我带来很多的思考。作为走进新课程的音乐教师,我必须对以往的音乐课堂常规经验和课堂教学模式重新审视,关注自己的教学行为,自觉适应音乐新课程的变化,在和学生共同体验、对教学的不断反思中,我将和新课程一起成长。

(佚名)

第七章　体育与健康

小学体育与健康课程的性质与目标

体育与健康课程是一门以身体练习为主要手段、以增进中小学生健康为主要目的的必修课程,是学校课程体系的重要组成部分,是实施素质教育和培养德智体美全面发展人才不可缺少的重要途径。它是对原有的体育课程进行深化改革,突出健康目标的一门课程。

体育与健康课程对于提高学生的体质和健康水平,促进学生全面和谐发展,培养社会主义现代化建设需要的高素质劳动者,具有极为重要的作用。

1. 增进身体健康

通过本课程的学习,学生能够提高对身体和健康的认识,掌握有关身体健康的知识和科学健身方法,提高自我保健意识;坚持锻炼,增强体能,促进身体健康;养成健康的生活方式。

2. 提高心理健康水平

通过本课程的学习,学生将在和谐、平等、友爱的运动环境中感受到集体的温暖和情感的愉悦;在经历挫折和克服困难的过程中,提高抗挫折能力和情绪调节能力,培养坚强的意志品质;在不断体验进步或成功的过程中,增强自尊心和自信心,培养创新精神和创新能力,形成积极向上、乐观开朗的生活态度。

3. 增强社会适应能力

通过本课程的学习,学生将理解个人健康与群体健康的密切关系,建立起对自我、群体和社会的责任感;形成现代社会所必需的合作与竞争意识,学会尊重和关心他人,培养良好的体育道德和集体主义、社会主义、爱国主义精神,学会获取现代社会中体育与健康知识的方法。

4. 获得体育与健康知识和技能

通过本课程的学习,学生能够掌握体育与健康的基本知识和运动技能,学会学习体育的基本方法,形成终身锻炼的意识和习惯;学生可以根据自己的兴趣爱好和不同需求,选择个人喜爱的方法参与体育活动,挖掘运动潜能,提高运动欣赏能力,形成积极的余暇生活方式;学生可以提高体育运动中的安全防范能力,获得在野外环境中的基本生存技能。

《课程标准》的目标具体是从运动参与目标、运动技能目标、身体健康目标、心理健康目标、社会适应目标五个学习领域加以描述。

学习领域一——运动参与

运动参与是学生发展体能、获得运动技能、提高健康水平、形成乐观开朗的生活态度的重要途径。促使学生主动参与体育活动的关键是通过形式多样的教学手段、丰富多彩的活动内容,培养他们参与体育活动的兴趣和爱好,形成坚持锻炼的习惯和终身体育的意识。在促使学生积极参与体育活动的基础上,还应使学生懂得科学锻炼身体的方法。

在1~6年级,要着重让学生体验参加体育活动的乐趣。

(1)具有积极参与体育活动的态度和行为;

(2)用科学的方法参与体育活动。

学习领域二——运动技能

运动技能学习领域体现了体育与健康课程以身体练习为主的基本特征,学习运动技能也是实现其他领域学习目标的主要手段之一。通过运动技能的学习,绝大多数学生将学会多种基本运动技能,在此基础上形成自己的兴趣爱好,并有所专长,提高终身体育锻炼的意识和能力。同时在学习过程中也能了解到安全地进行体育活动的知识和方法,并获得在野外环境中的基本活动技能。

在义务教育阶段,应注重学生对基本的运动知识、运动技能的掌握和应用,不过分追求运动技能传授的系统和完整,不苛求技术动作的细节;在高中阶段,应充分尊重学生的不同需要,引导他们根据自己的具体情况选择一两种运动项目进行较系统的学习,发展运动能力。

学习领域三——身体健康

少年儿童正处在生长发育最旺盛的时期,这一时期学生的身体状况对他们身体的健康成长具有重要影响。体育活动是促进学生身体发展和健康的重要手段,因此,本学习领域在引导学生积极参与体育活动、发展体能的同时,注意使他们了解营养、环境和不良行为对身体健康的影响,并形成健康的生活方式,这样才能有效地提高学生的身体健康水平。

学生的身体健康水平与其体能状况紧密相关,而良好的体能是通过持之以恒的锻炼获得的。根据学生体能发展敏感期的特征,本学习领域要求学生在某一水平学习时侧重发展某些体能。

(1)形成正确的身体姿势;

(2)发展体能;

(3)具有关注身体和健康的意识;

(4)懂得营养、环境和不良行为对身体健康的影响。

学习领域四——心理健康

体育活动不仅有助于身体健康,也能增进心理健康。本课程十分重视通过体育活动来提高学生的自信心、意志品质和调节情绪的能力。在教学中,要防止只重视运动技能的传授,而忽视心理健康目标达成的现象;要努力使学生在体育活动过程中既掌握基本的运动技能,又发展心理品质;要注意创设一些专门的情景,采取一些特别的手段,促进学生心理健康水平的提高。

在义务教育阶段,应侧重使学生了解和体验体育活动对心理状态的影响;高中阶段,应侧重使学生运用体育活动方法改善心理状态。

学习领域五——社会适应

体育活动对于发展学生的社会适应能力具有独特的作用,经常参与体育活动的学生,合作和竞争意识、交往能力、对集体和社会的关心程度都会得到提高,而且,学生在体育活动中所获得的合作与交往等能力能迁移到日常的学习和生活中去。在体育教学中应特别注意营造友好、和谐的课堂氛围,采取有效的教学手段和方法培养学生的社会适应能力。

在 1～6 年级,应着重帮助学生了解一般的游戏规则,学会尊重和关心他人,并表现出合作行为。

做一个快乐的小猎手

案例背景

本课在新课程理念的指导下,根据我对我校四年级学生身体素质的调查和对四年级体育教材的了解制订了该教学计划。四年级学生喜欢体育运动,尤其是一些新颖的体育运动更是抢着要学,充满了好奇心,这也是这个阶段学生的一个特点。这个阶段是学生们身体素质发展的关键时期,但由于大部分是独生子女家庭,学生从小遇到的困难与挫折不多,都以自我为中心,同学之间互相协作能力较弱。我就根据这些情况,选择了"打兔子""欢庆宴"等为内容,培养学生竞争与合作、竞争与友情的观念和迎难而上的精神,提高学生体育学习的兴趣,增强学生的身体协调性、弹跳能力及掷远能力。现代的教学方法多种多样,没有最好,只有合适,我在此选用了游戏、探究等开放式的教学方法,充分发挥学生的主观能动性、积极性及创造性,让学生在"玩中学、玩中乐、玩中育",促进学生身体、心理、社会性的协调发展,真正体现新课标的精神。

教学过程

一、课前插曲

预备铃声一响过,四年级一班的学生便聚集到体育课的集合点。当看到场地上的一个个"小兔子"和我手中的一张张白纸等器材后,学生们便开始小声地嘀咕着……"钱老师,今天上什么内容呀?"有两位女学生略带怯意地问。"今天我们上投掷课。"我回答。"啊!"两位女同学发出"痛苦"的声音。有许多学生脸上也泛起愁云。的确,常规的投掷课,是有些不招人喜欢。学生们倒是对场上的"小兔子"和我手中的一张张白纸表现出了几分好奇。

二、创设情景,激发学生兴趣

师:同学们,大家好!今天刘老师给大家带来了一个小故事:从前在一座小森林里,有许多活泼可爱的"小兔子",这些"小兔子"特别喜欢吃农民伯伯种的庄稼。有一天一个农民伯伯又去田里看庄稼了,发现许多"小兔子"在自己的田里吃庄稼,农民伯伯一看这个场景就迅速把"小兔子"们赶跑了,然后下山去叫亲戚朋友一起来打"兔子"……同学们,你们说这些"小兔子"该不该打啊?吃了农民伯伯辛辛苦苦种的庄稼……

生:嗯,是的,该打,那老师,我们现在去打"兔子"吧。

师:好,那么我们一起来帮助农民伯伯打"兔子"吧!(音乐响起来:兔子舞音乐)

师:在兔子舞音乐下老师带领大家一起跳着兔子舞来到了田地边上,果然有许多"兔子"在田里吃庄稼,一切准备就绪后准备打"兔子"了(进行热身运动)……

三、尝试合作探究学习

1. 打兔子

师:刚才同学们个个都朝气蓬勃,表现得跃跃欲试,现在我们来帮农民伯伯打"兔子"了,看谁打得准,打到的"兔子"多。

老师组织学生、向学生说明游戏规则并引导学生进行"打兔子"游戏,先每位学生试投掌握最好的投准角度,再分组进行投准比赛,看哪一队打中的"兔子"个数最多,那么哪一队就获胜。

学生在老师的引导下积极主动地进行该游戏,在游戏中注意既要竞争又要合作,相互学习。

老师课前在圆形场地中央摆放 20 只"兔子",每一只"兔子"自由摆放,相隔一定的距离,圆的半径大概 10～15 米,圆形四周是开始打兔子的区域。

学生散点分布在圆形外的地方,用垒球当"子弹"到圆内打兔子,看谁打得准。

师:同学们,你们觉得打"小兔子"容易吗?

生:老师,这个很容易啊,能来点有难度的吗?

师:嗯,很好,老师正有此意呢。同学们,你们想想,现实中的兔子可是活蹦乱跳,跑得可快了,那么就让我们跑起来听着音乐去打"兔子"。怎么样啊?

生:好啊,好啊,老师,快开始把!

师:打完了"兔子",那么老师要来提个问题了,大家试一试,怎样才能把垒球投得远? 为什么?

师:比一比,看谁投得远? 为什么?

2. 欢庆宴

师:刚才大家都成功地开展了"打兔子"的游戏,而且收获丰盛,那么现在我们要去感受一下成功以后的喜悦了,跳起欢快的"欢庆舞"。

老师跟学生讲明该游戏规则,引导学生进行游戏。

学生自由尝试,进行该游戏的练习。

学生尝试双人协同单脚跳练习。

老师引导学生尝试多人协同单脚跳,尝试多种方法的协同单脚跳,看哪个组配合得最默契?

游戏规则:双人、多人自由练习,尽量使游戏充满快乐、欢庆的气氛。

组织:全班同学自由组合。

四、愉悦身心

背景:兔子舞音乐响起来,让我们欢快地跳着兔子舞,离开田野,回到现实的大城市中……课要结束的时候,学生的参与热情仍然很高,同学们忘我地投入着实让我感动。

学生积极休整,交流感受。教师点评学生练习情况,收回器材,宣布下课。

案例评析

1. 教学目标通过教学过程顺利实现

本案例的教学目标是通过"打兔子""欢庆宴"等创新体验,来开发学生的创新精神和能力。本案例主要让四年级学生根据自己的学习与生活经验设计投掷方式，并以"打兔子""欢庆宴"等集体竞赛游戏为载体，让学生在享受投掷乐趣之余，体验集体合作获取成功的喜悦心情，从而实现本课教学目标。

2. 淡化投掷教学的竞技性色彩，吸引学生积极参与

学生的身心健康和良好的社会适应能力主要是通过运动参与的形式得以实现的。本案例淡化投掷技术，让学生根据自己的生活经验和学习基础，进行"打兔子"的投掷动作创新体验与练习，既提高了投掷能力，又激发了学生参与体育活动的兴趣与积极性。从而引出了垒球投掷的主要内容，实现了运动技能的教学。

3. 营造浓厚的民主氛围，体现以学生为主体，教师为主导的新课标理念

本案例中，我始终是以参与者的身份进入课堂，与学生共同参与到整堂课的各项投掷、各项单脚跳的体验活动中。师生间没有隔阂，平等的对话呈现了一种民主氛围，以学生为主体、教师为主导的理念得到了充分的体现。

4. 教学内容与生活实际相联系，学以致用得以有效实现

投掷是人们日常生活中的常用技能。本案例让学生提出一个投掷目的，利用自己的知识和经验基础，设计相应的投掷练习方法，促进其在生活实践中投掷能力的发展与提高。与此同时，各种方式的单脚跳练习也提高了学生的全身协调性，发展了下肢力量，从而达到学以致用的效果。

5. 开心愉悦的学习情景下，更要注意运动安全教育

教学形式越是强调自主创新则越容易出现松散，这必将增加课堂教学的不安全因素。如在进行"打兔子"垒球掷远练习时，一定要求各组学生在将垒球全部投完后，才可以将各组的垒球取回，以避免发生危险。教师还要在课的开始部分强调准备活动的重要性。

　　在这样快乐的气氛中，我上了一节有趣的体育课，这真是一种美的享受。

（佚名）

耐久跑训练中的心理素质培养

案例背景

新课标以"健康第一"为指导思想,重视学生的主体地位,重视学生学习兴趣的培养。根据学生的生理特点,我选择了耐久跑为教材内容。通过耐久跑,发展学生有氧耐力,促进学生身心发展,培养学生坚强的意志、顽强的毅力和坚持到底勇于克服困难的精神。但在以往的耐久跑教学中,由于教法手段单一、枯燥,学生的学习兴趣和积极性不高。本案例采用情境教学模式,将定向运动引入课堂,进行耐久跑教学。采用比赛手段、游戏形式和自主、合作学习方式,让学生学有兴趣、学有所乐、学有所获。

案例描述

在一节耐久跑的课中,我将定向运动引入到教学中,将男女学生混合编为人数相等、男女生比例相同的四组(10 人一组),然后选出组长。我给每组组长分发五张任务卡,布置好各组的任务后,组长根据任务再将队员分为 5 人一小组,组长安排好队员的任务后,学生们在组长的带领下斗志昂扬地准备比赛。比赛开始了,在一个 40 米×30 米的场地的四周分布了 10 个标志点,听到信号后,各组第一小组先出发,按照各自任务卡上的任务依次跑向 5 个标志点,到达各个点后并打卡(用彩色笔在任务卡上相应的标志点上画一斜杠)。"加油、加油……"助威声此起彼伏,学生们个个争先。我也加入到学生的呐喊声中,为各组队员加油助威,还不断地提醒学生:"注意看清标志点在哪个位置,别跑错了。"各组未跑的五人也开始讨论等一下应该怎样跑才好。有几个组已经有两三位同学完成任务回到起点了,他们一边把任务卡交给第二小组的同学,一边还在介绍经验和技巧。各组第一小组全部回来后,各组第二小组立即出发,"加油、加油……"刚完成任务的第一小组的同学好像忘记疲劳了,也加入到这呐喊声中。

第一轮比赛结束,有的为取得胜利手舞足蹈,有的为失败而沮丧不已,学生们个个都满头大汗。我抓住这一时机,让学生思考:怎样才能跑得快并且花的时间最少,完成任务的效率又最高。学生们在组长的带领下开始讨论。有的认为没先找好标志点,而多跑距离了;有的认为前面速度太快,后程就没力气跑了;有的认为……学生讨论的气氛很热烈,教学效果非常好。讨论完后,学生们都发表自己的意见。有一位同学说:"跑的时候先不要太快,不然的话,最后就没力气了,最好是匀速跑,这样用时应该最短。"我对这位同学微笑地点点头说:"对的,就像我们以前所学的耐久跑一样,要匀速跑,还要注意耐久跑的方法和技巧,这在我们以前的耐久跑的练习中学过的,但也要根据自己的能力控制好速度。"我说完后,另一位同学便说:"还应该在跑前先看清标志点在哪个位置,事先在脑子里要有一个路线,这样就不会多跑没必要的路了。"这个时候,很多同学又开始讨论,有的说:"要团结合作。"有的说:"打卡速度要快。"接着,我说:"同学们说得都很对。同学们都很聪明,能去思考。这个练习实际是耐久跑,在跑的过程中,又要不断地去思考,去判断方向和方位,要自己先完成任务才能完成全组的任务,所以又要们团结合作,而且打卡的时候又要速度快。"然后,我对学生们提了几个建议,让学生再去思考一下准备第二轮比赛。

第二轮比赛开始了,比赛气氛比第一轮更加激烈,各组也重新布置了同学们跑的顺序,学生们都有自己跑的方法和技巧,各组的实力相当,不像第一轮实力相差那么大,学生们个个都在体验跑的乐趣,课堂气氛非常活跃。

第二轮比赛结束。"同学们,老师最后还想让大家思考两个问题,到底要怎样跑好耐久跑? 如果在现实中遇到相似的任务如何去完成?"我又给学生出了两个问题。这时候,学生开始讨论起来。最后,我微笑着说道:"同学们,今天我们学习了耐久跑,运用新兴的运动项目——定向运动形式进行练习。通过练习,同学们掌握了耐久跑的方法和技巧,大家的热情也非常高,我们应该感谢那些提出好的意见的同学,让我们掌握了耐久跑的方法和技巧。所以,老师希望同学们以后在学习上敢于创新、敢于思考、敢于发表自己的想法和意见。"最后,在同学们热烈的掌声中结束了本次课。

案例反思

新课标强调要通过体育与健康课程的学习,培养学生参与体育运动的兴趣和爱好,形成坚持锻炼的习惯。本案例将定向运动引入到课堂,进行耐久跑的教学,改变跑的形式,注重激发学生的学习兴趣,发挥学生的主体地位,转变学生的学习方式,拓展体育课程资源,将枯燥、无趣的耐久跑教材变得主题鲜明、形式新颖。本案例教学过程充分体现了"以学生发展为本"的教学思想,通过充分利用场地、器材的变化,采用情境教学模式、比赛手段和自主、合作学习方式,活跃了课堂气氛,使学生以情人境、以境乐练,真正体验了运动的乐趣,又激活了学生参与体育活动的热情,提高了耐久跑教学的效果。本教学案例教法新颖,简便实用,有效地激发了学生的学习兴趣和热情。培养了学生良好的意志品质,发展了学生的耐力素质。

通过这个小小的案例,让我深深地体会到,我们教师要改变以往只注重知识技能传授的思想。在教学中要采用多种教法和手段,激发学生的学习兴趣,营造愉快、和谐、宽松的教学气氛,重视学生在学习过程中的探究与分析,确保学生的主体地位,让学生真正成为课堂的主人。教师在教学中应想方设法为学生提供自主、合作学习的机会,但也要重视学生的需要和情感的体验,使学生在教师的引导和启发下,培养自主、合作学习意识,使学生的身心得到健康的发展。

(佚名)

第八章 怡情美术

小学美术课程的性质与目标

在推进素质教育的过程中,越来越多的人认识到美术教育在提高与完善人的素质方面所具有的独特作用。尤其是美育列入教育方针以后,美术教育受到了空前的重视,迎来了新的发展机遇,进入了重要的发展时期。同时我们也应该看到,我国义务教育阶段的美术教育还有许多不能适应素质教育要求的地方,如课程综合性和多样性不足;过于强调学科中心,过于关注美术专业知识和技能;在一定程度上脱离学生的生活经验,难以激发学生的学习兴趣。这影响了美术教育功能的充分发挥,制约着我国义务教育阶段的美术教育事业的发展。因此,必须通过课程改革,促进美术教育在我国基础教育体系中发挥更积极的作用,为国家培养全面发展的现代公民。

《全日制义务教育美术课程标准(实验稿)》(以下简称《课程标准》)的制定,力求体现素质教育的要求,以学习活动方式划分美术学习领域,加强学习活动的综合性和探索性,注重美术课程与学生生活经验紧密关联,使学生在积极的情感体验中提高想象力和创造力,提高审美意识和审美能力,增强对大自然和人类社会的热爱及责任感,发展创造美好生活的愿望与能力。

美术课程具有人文性质,是学校进行美育的主要途径,是九年义务教育阶段全体学生必修的艺术课程,在实施素质教育的过程中具有不可替代的作用。九年义务教育阶段美术课程的价值主要体现在以下几个方面。

1. 陶冶学生的情操,提高审美能力

现代社会科学技术的高速发展,需要人的丰富而高尚的情感与之平衡。因为情感性是美术的一个基本品质,也是美术学习活动的一个基本特征,所以美术课程能陶冶学生的高尚情操,提高审美能力,增强对自然和生活的热爱及责任感,并培养他们尊重和保护自然环境的态度以及创造美好生活的愿望与能力。

2. 引导学生参与文化的传承和交流

美术是人类文化最早和最重要的载体之一,运用美术形式传递情感和思想是整个人类历史中的一种重要的文化行为。在现代社会中,随着信息化进程的加快,图像作为一种有效而生动的信息载体,越来越广泛地出现在人们的生活中。通过对美术课程的学习,有助于学生熟悉美术的媒材和形式,理解和运用视觉语言,更多地介入信息交流,共享人类社会的文化资源,积极参与文化的传承,并对文化的发展作出自己的贡献。

3. 发展学生的感知能力和形象思维能力

感知觉是思维的必然前提。形象思维是一种重要的思维方式。在学校体系中,大多数课程都是建立在抽象符号的基础上,而美术课程则更多地让学生接触实际事物和具体环境,有利于发展学生的感知能力,从而为思维提供丰富的营养。美术课程能逐步培养学生的形象思维能力,提高学生的综合思维水平。

4. 形成学生的创新精神和技术意识

在知识经济时代,创新精神是社会成员最重要的心理品质之一。美术教学过程的情趣性、表现活动的自由性和评价标准的多样性,提供了创造活动最适宜的环境。通过美术课程培养的创造精神,将会对学生未来的工作和生活产生积极的影响。

技术性活动是人类社会的一种最基本的实践活动,而美术课程向学生提供了技术性活动的基本方法,有助于培养学生勇于实践和善于实践的心理品质。

5. 促进学生的个性形成和全面发展

尊重和保护人的个性是现代社会的基本特征。在美术学习过程中，对美术学习内容和方式的选择，必然受到学生个性的影响，所以美术课程是最尊重学生个性的课程之一。美术课程在引导学生形成社会共同的价值观的同时，也努力保护和发展学生的个性。

人的全面发展是人类努力追求的教育理想，美术课程不仅作为美育的一个重要门类促进这一理想的实现，而且，美术课程本身就包含情感与理性的因素、脑力与体力的因素，所以在促进人的全面发展方面，其作用是独特的。

《课程标准》的阶段目标把小学分为三个学段，具体从"造型·表现""设计·应用""欣赏·评述"和"综合·探索"四个学习领域加以描述。

第一学段(1~2 年级)

(1)尝试不同工具，用纸以及身边容易找到的各种媒材，通过看看、画画、做做等方法大胆、自由地把所见所闻、所感所想的事物表现出来，体验造型活动的乐趣。

(2)尝试不同工具，用身边容易找到的各种媒材，通过看看、想想、画画、做做等方法进行简单组合和装饰，体验设计制作活动的乐趣。

(3)观赏自然和各类美术作品的形与色，能用简短的话语大胆表达自己的感受。

(4)采用造型游戏的方式进行无主题或有主题的想象、创作、表演和展示。

第二学段(3~4 年级)

(1)初步认识形、色与肌理等美术语言，学习使用各种工具，体验不同媒材的效果，通过看看、画画、做做等方法表现所见所闻、所感所想的事物，激发丰富的想象力与创造愿望。

（2）学习对比与和谐、对称与均衡等组合原理，了解一些简易的创意和手工制作的方法，进行简单的设计和装饰，感受设计制作与其他美术活动的区别。

（3）观赏自然和各种美术作品的形、色与质感，能用口头或书面语言对欣赏对象进行描述，说出其特色，表达自己的感受。

（4）采用造型游戏的方式，结合语文、音乐等课程内容，进行美术创作、表演和展示，并发表自己的创作意图。

第三学段(5～6年级)

（1）运用形、色、肌理和空间等美术语言，以描绘和立体造型的方法，选择适合于自己的工具、材料，记录与表现所见所闻、所感所想的事物，发展美术构思与创作的能力，传递自己的思想和情感。

（2）运用对比与和谐、对称与均衡、节奏与韵律等组合原理，了解一些简单的创意、设计方法和媒材的加工方法，进行设计和装饰，美化身边的环境。

（3）欣赏、认识自然美和美术作品的材料、形式与内容等特征，通过描述、分析与讨论等方式，了解美术表现的多样性，能用一些简单的美术术语，表达自己对美术作品的感受和理解。

（4）结合学校和社区的活动，以美术与科学课程和其他课程的知识、技能相结合的方式，进行策划、制作、表演与展示，体会美术与环境及传统文化的关系。

从身边的现象学透视

案例背景

本案例出自人美版五年级下册《绘画中的透视现象》,是"造型·表现"学习领域的内容。教材的意图是通过观察、分析和讲解,让学生能够认识到景物有近大远小的透视现象,并能把有关透视的理论知识运用到实际绘画中,进而提高空间表现能力。

教学过程

(一)游戏导入

师:请同学们用手测量出老师的身高?

(学生手量回答)

师:你们知道这种现象是如何产生的吗?

(学生讨论发言)

(二)介绍透视现象并板书课题

师:离我们近的物体看起来大,而离我们远的物体看起来小,这种现象就是景物的近大远小现象,也叫透视现象。

(三)讲授新课

师:请同学们以小组为单位共同分析,按书中的要求找出答案。(近大远小、近宽远窄、近高远低、近粗远细、近稀远密)

师:请同学们找一找身边的透视现象。

(请学生仔细观察后归纳透视现象;学生通过仔细观察后总结出近大远小、近高远低、近疏远密的透视现象)

师:这种现象是如何产生的?

(师生共同观察分析图片讨论总结出结论)

师:由于距离不同、位置不同,我们就会有近大远小、形状改变的感觉。我们站在路的中心,会看到路面和两旁的树木、房屋都渐渐集中到我们眼睛正前方的一个点上,这一点称为主点。这些通常是不画出来的,但在作画的过程中通常要用到。

(师一边讲解一边在黑板上画出,让学生直观地了解)

师:请同学们欣赏名画,从中体会透视现象给画面带来的美感,并讨论说出它的魅力所在。

(画家用诗的语言再现了某种具有强烈透视感的田园景色)

同桌合作观察颐和园的长廊,从中找出这种近大远小的透视现象,然后说一说。(柱子的变化)

板示讲解:视平线、消失点。

(四)学生作业:用透视现象表现老师出示的图片。

要求:(1)先找视平线、消失点。(2)画几条典型的透视线。(3)按透视现象处理好竖线、斜线。(4)线条流畅。(5)应用表现:请同学们根据老师所提供的自制教具、零散的图片,拼贴成一幅完整的、具有透视效果的画。

教师及时指出学生在绘画方面中存在的问题,对画得好的学生给予鼓励。

(五)展评作业

1. 透视现象是否能合理把握。

2.线条是否流畅。

3. 画面是否完整。

4. 将物体的外轮廓简略地表现出来。

围绕以上4点学生自评、互评。同学之间互相修改,力求把画面画得完整、生动,并说一说这节课自己的收获。

(六)教学延伸

找一找校园中有透视现象的场景,或把自己家里的这种现象画下来,为下一堂课的写生做好准备。

案例评析

通过教学,学生对新授的透视知识理解比较快,能快速区分和分析画面中和生活中的透视现象。本课的探究式学习环节是这节课的重点,在这一环节中重点指导学生分析透视现象要细致,不仅从天空、地面、景物的大小来分析,还要引导学生观察由近到远景物间的距离也在缩小。在动手实践活动中刚开始表现得比较混乱,要经过多次反复的练习之后,才能用线准确地表达出来透视的现象。

（佚名）

展示美术的艺术效果

案例背景

帽子的种类和用途很多,除了有遮阳、保暖、美观的作用外,有的可以显示职业和身份,还有的可以保护头部避免或降低来自外力的伤害。古今中外的帽子文化更是值得探究的。而四年级的学生对帽子的认知仅仅是:知道帽子的防晒功能、保护头部的功能、显示身份的功能、帽子的装饰功能。但学生们所知的这些功能也需要教师进行引导才能明确起来。同时,四年级的学生们对任何具有挑战性的事情都很感兴趣。他们对如何设计制作一顶功能强大同时又具有极强装饰性的帽子产生了极为浓厚的兴趣。但是,到底如何把一张平面的纸做成立体的而且又具有不一样的外形的帽子呢?学生们一般都只是把纸一卷了事,这样做出来的帽子外形就不是很好看。另外,如何在方形、圆形、梯形等基本形的基础上进行变化,这是需要学生们开动脑筋去思考的问题。

教学过程

(一)音乐导入

出示课件,播放歌曲《小红帽》精彩的动画和音乐,让学生边欣赏片中小红帽的形象,边引导学生进入对小红帽形象的想象之中,并伴随欢快的节奏来轻声哼唱而展开联想,使学生在轻松愉快的氛围中接受提问:"小朋友们,我是小红帽,大家看一看,想想你看到了什么?我头上的帽子漂亮吗?你也想有一个吗?就请同学们跟着老师一起做吧!一起做千变万化的帽子。"教师板书课题——千变万化的帽子。

再出示课件:各种各样的帽子。有古代的、现代的和各民族的,款式多样,让学生进行区分对比,通过欣赏对比让学生对帽子的形状、颜色和饰品更加了解,为制作帽子积累素材。

(二)师生合作、探究方法

1. 什么才叫千变万化?你能说说千变万化指的是帽子哪些方面的变化吗?

2. 师生共同研究帽子的制作方法:选择材料,设计款式,制作方法(主要是粘贴、缝制),装饰方法(粘贴、画、佩戴)。教师板书。

(三)教师示范

因为制作是本课难点,所以教师要做一些拼折的示范,让学生看得更直观一点,这样利于学生掌握制作要点。教师再小结,强化学生对帽子制作步骤的了解,从而突出本课的重点。

老师提出制作要求,让学生自选材料和方法,制作出一顶造型独特、颜色美观的帽子。提醒学生在制作过程中使用剪刀、针线注意安全,制作完成后将垃圾装进袋子里。

(四)小组合作、创作实践

1. 分组或单人进行创作,可互换材料。制作前小组先讨论制作帽子的想法并画出帽子的小图。分组进行有利于学生合作探究,画出图稿让学生做到胸有成竹。

2. 学生创作时,多媒体展示所有帽子的图片和播放优美的轻音乐渲染良好的创作氛围,同时也为创作有困难的学生提供具体的视觉形象。教师巡回指导,并进行个别辅导,发现好的作品及时展示表扬。

(五)成果展评

1. 让学生出示自己制作的帽子,小组或个人采用自评、互评等多种方式来肯定作品,同时也肯定了学生的能力。请制作优秀的小组或个人谈谈自己的制作构思和方法。这样既激发了学生的表达欲望,又锻炼了学生的语言表达能力。

2. 播放动感的音乐,请学生戴上亲手制作的帽子,伴随着音乐闪亮登场。他们像小模特一样,摆出造型展示自己的帽子。通过这样的表演,给学生锻炼的机会,展示自我,增强了学生的自信心和成就感。

(六)课后延伸

出示用其他方法设计的帽子,让学生发挥想象,未来的帽子会是什么样的? 只有想不到,没有做不到。只要大家敢想敢尝试,一定会成为一个出色的设计师,设计出款式更奇特、功能更多的帽子。学生可以写出自己的构思,画出设计图。这样可以让学生的想象和创作能力得到进一步提升。

案例评析

本课是探索小学设计制作课的教学实践,将美术中的设计制作和音乐中的歌曲教学融入到美术课教学中,并通过可爱的动画、动听的歌曲、巧妙的对话来创设一个童话般的帽子世界情境,使学生始终在一种轻松愉快的艺术氛围中学习;始终围绕《小红帽》的歌曲来进行艺术的感受、体验和创造。这样既充分体现了教师灵活而精心的教学设计和引导启发,同时又体现了学生是整个课堂教学的主体。学生较成功地描绘出了各自想象创造的帽子形象,并能基本跟唱《小红帽》的歌曲,学生学得主动,学得开心,学有所思,学有所得。

我们都知道:教学实践的最大意义就在于进行反思,只有进行认真的反思才会有教学的改进。我认为本课教学后,有几个值得反思和重视的问题:

1. 本课教学虽然在教学设计上有较大的突破,但还是感觉没有摆脱传统美术课和音乐课的束缚,在歌曲学习与设计制作学习的融合和过渡上还显得生硬、不自然。

2. 教师的示范过多,对学生的创造思维有一定的局限影响,没能更充分地调动学生的想象力和创造力。

3. 作为一名从事美术教学的教师,在对歌曲的教学处理上,感到"力不从心",感到自身缺乏较好的音乐素养和教学积累。这使学生的歌曲表演唱练习效果不太理想,远未达到预想的艺术表演唱的效果。

(佚名)

教学案例的撰写建议

教学案例写起来感觉很容易,但要想写好教学案例就不是那么容易了。对于教师来说,首先要有一定的教育实践基础和教学经验积累,其次要有相当的文字功底和写作技能,更重要的是要不断地加强理论学习,不断地进行实践探索。

下面给教师几点建议,希望能够对教师写教学案例有所帮助。

1. 从身边的故事、教学后记写起

一线教师,每天身边都发生着各种各样的教学故事,其中就存在许多有价值的研究案例。一线教师的最大优势就在于此。作为一线教师,就应充分利用自身这一优势,从身边发生的教学故事写起,养成写教学后记的习惯,把自己课堂中的"精彩片段"记录下来。一线教师,写作、研究的时间一般难于集中,这就要求及时做好记录。

在写教学后记时,要注意以下一些事例或情节的记录:

(1)教师自身的独创教学以及课堂效果,包括寻求突破教学重点、难点及解决疑难问题所采取的办法、对策等。

(2)学生的独到见解,包括学生在课堂学习中的独特解法、独创思维等。

(3)精彩的教学片段,包括课堂中有亮点的教学情节与过程,精彩的答问、语言等。这往往是教师智慧的火花,它常常是突然而至的,一闪而过。若不利用课后反思去捕捉,便会因时过境迁而烟消云散,令人遗憾。

(4)自己课堂教学中不足之处的反思与分析。

写教学后记应追求"短、平、快",短小精简,平中见奇,快捷及时。若时间有限,还可以超越文本,创造性地利用课本、教案、备课参考书为载体加以记录或旁注。

2. 并非所有教学故事都有研究价值

并非所有的教学故事都能成为有研究价值的案例,因此要求教师应善于抓住身边发生的典型案例,发现身边有研究思考价值的案例。那么,什么样的案例有研究的价值? 笔者认为教师写教学案例可以选择以下的一些事例:

(1)带有问题性。有价值的教学案例记录的应是一些含有问题或疑难情景在内的事件,包含着一些深刻的教学问题,它能够引发人们的思考。

(2)具有针对性和实效性。通过这些事例能针对教学存在的问题说明一些道理,或验证某些理论,解决某一实际问题。

(3)具有典型性。教学案例所选的实例应是具有代表性、典型性的事件,这也是教学案例的生命。

只要多写一些教学后记,素材多了,写教学案例时选择典型事例就有余地了。

3. 多思、多写,才有提高

目前,许多老师乐于写教学案例,但还是有不少教师撰写的教学案例水平低,甚至不算是教学案例。对此,笔者认为不能因为写的水平不高而放弃写,教师初写教学案例时要求不宜过高。

有些教师说不懂如何写教学案例,往往是希望专家提供案例写作的一个固定模式。事实上,教师写教学案例不必拘泥于形式。当前,有一种不好的现象就是追求一个统一形式,如教师的说课就是这样。笔者认

为,撰写教学案例主要应抓住如下几个方面:

(1)要有一个明确的主题。有价值的教学案例一般应围绕一个鲜明的主题,通过一个或多个教学事例或故事的启示,提出某一个有价值的、富有启发性的问题。

(2)故事过程的描述要具体、生动。教学案例"讲"的应是教师自己身边的故事,要用描述性的语言或一种易于理解的方式(如,教学实录)来叙述。要有相对完整的情节,反映事件发生的过程,特别是教师与学生的复杂的内在心理活动。要具体、生动,故事情节让人读起来有一种"娓娓道来"的感觉。这就要求教师在写教学后记时尽可能进行详细记录,特别是对一些戏剧性的具体情节。

(3)对问题及时分析、思考。应多角度地对提出的问题进行评述、分析,提出自己的见解(问题归因;总结出规律;解决的途径或方法;改进的意见)。

撰写教学案例已成为一线教师的自发性的行为,平时要对自己身边发生的教学故事多思、多记,及时抓住灵感。一篇写出来不怎么样,二、三篇也一样,可写了几十、上百篇,也许质量、水平就不同了。事实证明,一些一线教师写教学案例,越写越好,越写越爱写,质量、水平越来越高。

4. 有理论素养,才有文章质量

写好教学案例,教师自身的理论素质是非常重要的,这也是一线教师普遍存在的比较薄弱的一个环节。没有一定的理论素养,往往就难于发现和抓住有价值的事例;没有一定的理论素养,对一些教学事例的归因往往缺少理论的支撑。只有具有较高的理论素养,才能使自己身边发生的教学故事擦出问题的火花,对发生的教学问题能作深刻的反思,对事例中启示的道理进行有理有据的分析,提出可行的解决问题的方式。

因此,一线教师要写好教学案例,还必须重视自身理论的学习与提高。当前,作为一线教师,除了加强自身对现代教育理论的学习之外,应该认真学习、掌握基础教育课程改革的理念、目标与要求,正确理解和掌握学科课程标准,关注新课程实施过程的案例,研究和探讨新课程实施中的问题。

5. 交流分享,有利提高

教师撰写教学案例的目的之一是相互交流,是与同行共享资源、分享经验的一种方式,且通过与同行的交流,不断提高自身的写作水平。其实,教学案例的撰写,还可以利用集体智慧来完成。如:集中一些教师在一起,大家各自讲自己的教学故事,然后从中确定一些有研究价值的案例,进行集体研究,集体拟订教学案例的初稿(提纲),集体研讨案例中的问题,对案例提出集体修改意见。因为在集体交流和研讨中,更可能会碰撞出创造的火花。

例如:网络是教师交流的一个非常好的新平台,网络中的"博客"是教师撰写教学案例的一个很好的工具和平台。教师在写教学案例时,如果有条件的话,应充分利用信息网络工具,多通过网络收集其他教师的教学的案例,学习他们的教学案例的写作方法,多利用网络写自己的教学案例,多利用网络与专家和其他同行交流,相信通过这样的过程,教师的案例写作水平一定会逐步提高的。对发表的一些教学案例,还应注意案例题目的命名,采用一些有吸引力的语言,以吸引读者的关注。